TEORIA DO ESTADO

Cidadania e poder político
na modernidade

L435t   Leal, Rogério Gesta
        Teoria do Estado: cidadania e poder político na
       modernidade / Rogerio Gesta Leal. 2.ed. rev. e ampl.
       — Porto Alegre: Livraria do Advogado, 2001.
       247p.; 14x21cm.

       ISBN 85-7348-195-1

          1. Teoria do Estado. 2. Estado moderno. 3. Es-
       tado de direito. 4. Direito. 5. Cidadania. 6. Cons-
       tituição. 7. Poder constituinte. I. Título.

                CDU 342.2
                      340.12

       Índices para o catálogo sistemático

       Cidadania
       Constituição
       Direito
       Estado de direito
       Estado moderno
       Poder constituinte
       Teoria do Estado

(Bibliotecária responsável: Marta Roberto, CRB-10/652)

Rogério Gesta Leal

TEORIA DO ESTADO
Cidadania e poder político na modernidade

Segunda edição
revista e ampliada

livraria
DO ADVOGADO
editora

Porto Alegre
2001

© Rogério Gesta Leal, 2001

Capa, projeto gráfico e diagramação de
Livraria do Advogado Editora

Revisão de
Rosane Marques Borba

Direitos desta edição reservados por
Livraria do Advogado Ltda.
Rua Riachuelo, 1338
90010-273 Porto Alegre RS
Fone/fax: 0800-51-7522
livraria@doadvogado.com.br
www.doadvogado.com.br

Impresso no Brasil / Printed in Brazil

Agradecimentos

O momento e um espaço de agradecimentos nessa ocasião revela-se por demais arriscado no que tange ao aspecto de se alcançar o objetivo perseguido: homenagear todos os responsáveis pela criação de um texto como este, resultado de pesquisas voltadas à atividade do magistério superior, isto porque cremos que tal tarefa sempre é construída de forma coletiva e dialética.

Ao longo dos últimos cinco anos atuando junto à Universidade de Santa Cruz do Sul-UNISC, trabalhando com a disciplina de Teoria Geral do Estado, e sobre o tema desenvolvendo minha tese de doutorado junto à Universidade Nacional de Buenos Aires, pude contar com muitas experiências e colaborações, na maioria das vezes imperceptíveis aos olhos e vontades dos contribuintes, pois fruto de debates e polêmicas acadêmicas próprias do meio. Assim, entendo que, genericamente, possa agradecer à UNISC e seu corpo discente e docente, principalmente em razão das infra-estruturas subjetiva e objetiva dispensadas para escrever este texto.

Algumas pessoas, entretanto, alinharam considerações fundamentais sobre este trabalho e, em razão da excelência das contribuições levadas a cabo, cuja maior parte fora acatada, merecem minha gratidão especial, entre elas, o professor Dr. Lenio Luiz Streck, que prefacia o texto, amigo e cúmplice de utopias desejadas e desejantes, por suas contribuições teóricas imprescindíveis; o professor Sergio Schaefer, doutorando em filosofia na UFRGS, figura maior na arte de pensar o mundo, com quem tive o privilégio de conviver academicamente; aos professores Drs. José A. de Oliveira Jr., Horácio Wanderlei Rodrigues e Luis E. Bonesso de Araújo, por terem contribuído à minha iniciação na pesquisa jurídica, desde o Programa Especial de Treinamento - PET até sempre.

Por fim, uma homenagem a pessoas que souberam, com sua compreensão face a minha ausência física do convívio cotidiano, amar de forma livre: Bruno, Ma-theus e Tom; e por seus exemplos de vida: Donatila, Clóvis e Diva Maria.

Apresentação da segunda edição

O texto que apresentamos à segunda edição do livro *Teoria do Estado: cidadania e poder político na modernidade*, respeita a estrutura da primeira edição, porém, ampliada com duas novas abordagens: a primeira, no capítulo sexto da obra, agregando à reflexão o tema da noção de Constituição e de Cidadania, tão apropriado para o debate envolvendo o Poder Constituinte; a segunda, um novo e sétimo capítulo, no qual pretendemos problematizar o conceito de Estado Democrático de Direito, haja vista a importância desta categoria no âmbito do constitucionalismo brasileiro contemporâneo.

Nos demais capítulos da obra, optamos por mantê-los em sua forma matricial, eis que dizem respeito a uma proposta de abordagem e desenvolvimento teórico do Estado a partir de determinados pressupostos teóricos para nós clássicos e fundamentais à sua compreensão. Tal estratégia tem o escopo de ratificar nossa crença na necessária e permanente formação dos profissionais do direito e mesmo da cidadania nacional, fomentada pelas interlocuções que temos mantido nos cursos de graduação e pós-graduação (especializações, aperfeiçoamentos, mestrados e doutorado) em que temos trabalhado nos últimos tempos.

De qualquer sorte, o fato de estarmos sendo convocados a manter o debate sobre o Estado enquanto instituição política e jurídica demonstra a pertinência do tema e, quem sabe, atesta o acerto da Editora Livraria do Advogado em apostar num segmento tão árido, mas pertinente, como é o da formação acadêmica e profissional no país.

Prefácio

No momento em que o mundo é varrido por uma fustigante onda neoliberal, é inexorável que a questão da função do Estado e do Direito seja (re)discutida, assim como as condições de possibilidades da realização da democracia em países recentemente saídos de regimes autoritários, carentes, ainda, de uma segunda transição (Guillermo O'Donnell). É justamente para enfrentar esta verdadeira grilhagem neoliberal, atravessada/impulsionada pelo fenômeno da democracia delegativa (O'Donnell), capitaneada por setores bem identificados do *establishment* político-jurídico-econômico do Brasil - que querem nos fazer crer que a modernidade acabou -, é que Rogério Gesta Leal nos apresenta a presente obra.

A Modernidade nos legou o Estado, o direito e as instituições. Rompendo com o medievo, o Estado Moderno surge como um avanço. Institucionaliza-se o poder; separa-se o público do privado; diferencia-se o poder econômico do poder político, além da institucionalização da autonomia do Estado em face da sociedade civil. Depois de sua primeira forma absolutista, o Estado adquire características liberais, para, mais tarde, transformar-se no que hoje chamamos de Estado Social.

Lembra muito bem Boaventura de Souza Santos que essa segunda forma de Estado - o Estado Providência ou Social - foi a instituição política inventada pelo capitalismo para compatibilizar/amalgamar as promessas da modernidade com o desenvolvimento capitalista, que produzia cada vez mais desigualdades sociais. De forma contundente, Boaventura denuncia que os neoliberais, entretanto, não estão nem um pouco preocupados com tais desigualdades e com o déficit social das sociedades periféricas. Para os neoliberais essa fase do Estado acabou, foi um período, desapareceu, e o Estado simplesmente tem, agora, de se enxugar, tem de se minimizar cada vez mais. Para os neoliberais, conclui o mestre português, ele (o Estado) é, agora, uma instituição anacrônica, porque é uma entidade nacional e tudo o mais está globalizado.

Que o Estado seja minimizado cada vez mais em países onde ele cumpriu, de fato, sua função social - *Welfare State* -, não há nenhum problema. O problema é que no Brasil não houve Estado Social. Se houve, foi só para as elites, para as camadas médio-superiores da sociedade, que se apropriaram/aproveitaram de tudo do Estado intervencionista: privatizaram o Estado, dividiram com o capital internacional os monopólios e os oligopólios da economia e construíram empreendimentos imobiliários com o dinheiro do fundo de garantia dos trabalhadores. Isso para dizer o mínimo.

O que é preciso dizer é que no Brasil a Modernidade é tardia (Cristovam Buarque). As promessas da Modernidade ainda não se realizaram. E, já que tais promessas não se realizaram, a solução que o *establishment* apresenta é a volta ao Estado (neo)liberal. Daí que a pós-modernidade é vista como a visão neoliberal. Só que existe uma imensa dívida social em nosso país, e, por isso, temos que defender as instituições da Modernidade contra esse neoliberalismo pós-moderno.

É nesse contexto que a obra do prof. Rogério Gesta Leal adquire maior amplitude e importância. O Direito, enquanto legado da Modernidade - até porque temos uma Constituição democrática -, deve ser visto, hoje, como um campo necessário de luta para implantação das promessas Modernas. Como diz o historiador inglês E. P. Thomson, o Direito importa e é por isso que nos importamos com tudo isso. E Rogério tem isso muito claro! Sua obra é peremptória nesse sentido!

Daí que, ao mesmo tempo que erudito e didático, depois de navegar pelos mais variados aspectos que traduzem a complexidade do Estado Moderno, Gesta Leal, contundente, propõe que a idéia de Estado Democrático de Direito seja concebida de forma ampliada e pluralista, pressupondo a mobilização política da sociedade já evidenciada pelos princípios constitucionais da Lei Maior exsurgida em 1988 do processo constituinte. Tem ele presente, enfim, que o Estado Democrático depende de procedimentos, não só legislativos e eleitorais, mas especialmente daqueles judiciais, para que se dê sua realização, entendendo, como Cláudia Leitão e Willis Santiago, que é preciso melhorar o conteúdo dessa fórmula política.

As promessas da modernidade passam pela efetiva implantação dos valores e princípios universais inscritos na Constituição de 1988. E o Estado, visto como caminho necessário para o resgate dessas promessas e desses direitos, ainda tem muito a dar e a fazer! Na presente obra, isto fica muito claro!

LENIO LUIZ STRECK

Procurador de Justiça. Professor dos Cursos
de Mestrado e Doutorado da UNISINOS-RS

Sumário

Introdução 13

Capítulo I
A Lei e a Constituição como instrumentos de mediação à organização social e política da sociedade 17

1. A cidade criada pela lei como lugar da civilização 17
2. A natureza da lei e a sua relação com a ordem política e social da cidade: a contribuição do pensamento grego . . . 24
3. A contribuição de Aristóteles 27
4. A contribuição dos sofistas 37
5. A jurisdicização da cidade 40

Capítulo II
Constituição e legitimidade no Estado moderno: causas e condições 45

1. Situação histórica e política da Europa dos séculos XIV e XV 45
2. A Europa do século XVI 48
3. A concepção de mundo e de homem: o conhecimento científico como paradigma da nova ordem 52
4. Nicóllo Machiavelli 55
5. O Príncipe e a questão do Estado e do Governo 56

Capítulo III
A concepção de mundo e de homem nas obras de Thomas Hobbes e John Locke 65

1. Contextualização histórica do período de Hobbes 65
2. O Estado de natureza em Hobbes 67
3. A constituição da sociedade civil 72
4. A formação do Estado e a figura do soberano 75
5. A constituição da sociedade política em John Locke 79

Capítulo IV
A idéia de contrato social e consenso em Jean Jacques Rousseau 85

1. A produção teórica de Rousseau 85

2. A questão da igualdade entre os homens 89
3. Causas e fundamentos do surgimento da sociedade e da lei   92
4. O pacto associativo: vontade geral x consenso 95
5. O processo de dissolução do Estado e o rompimento do
   contrato social 104
6. O império da lei 111

Capítulo V
Legitimidade e representação política:
a crise do Estado de Direito 121
1. A questão da legitimidade 121
2. A separação dos poderes e a representatividade política . . 139

Capítulo VI
Poder Constituinte, Constituição e cidadania 153
1. Localização do problema e seus aspectos
   histórico-filosóficos 153
2. As várias abordagens do Poder Constituinte 155
3. Legitimidade e titularidade do Poder Constituinte 168
4. Possíveis significados de uma Constituição 174
5. Possibilidades conceituais da cidadania 178
6. A cidadania na Constituição brasileira de 1988 182
7. Algumas sínteses 186

Capítulo VII
Significados e sentidos do Estado Democrático de Direito
enquanto modalidade ideal/constitucional do Estado
Brasileiro 189
1. Questões preliminares 189
2. Algumas considerações sobre o Estado enquanto
   fenômeno político 191
3. Contornos conceituais preliminares da Democracia
   contemporânea 195
4. Concepções tradicionais de Estado Democrático
   de Direito 206
5. O Estado Democrático de Direito no Brasil e seus
   princípios informativos 214
6. Considerações finais 220

Conclusões 225

Bibliografia 237

Introdução

O objeto de preocupação teórica deste trabalho pretende enfrentar temas que envolvem o Estado, o Direito e a Democracia, numa perspectiva multidisciplinar, histórica e crítica. Para tanto, mister é que se recuperem algumas informações na história dessas questões, principalmente a partir do pensamento grego clássico e da Idade Moderna.

Sabe-se que a teoria do Estado Moderno está toda centrada na figura da Lei como principal fonte de padronização das relações de convivência, lugar onde o princípio de legitimação das sociedades políticas vindouras se assenta. A partir desta premissa, a figura da Constituição tem uma função de justificação do novo poder que se instaura, delimitando a estrutura, organização e competências estatais que são responsáveis pelo asseguramento das regras do desenvolvimento social e econômico da sociedade, bem como, é claro, substitutas das instâncias de governo até então existentes.

Ocorre que, no plano da história do pensamento ocidental, um dos grandes momentos de reflexão sobre a organização social e a figura do homem como centro dessa organização é o do pensamento filosófico da Grécia clássica, principalmente as contribuições teóricas de Platão, Aristóteles e os Sofistas para o enfrentamento da ordem no âmbito da cidade e a mediação da Lei enquanto instrumento de controle e poder dos costumes/tradições.

TEORIA DO ESTADO
Cidadania e poder político na modernidade

O Direito, enquanto veículo de ordem e segurança, como Lei, e essa, em última instância, como produto do Estado, é exaltado como instrumento de exercício de poder. Dessa forma, conclui-se com facilidade que a Lei e sua representação maior, a Constituição, se diz ao Estado qual o seu lugar, ao mesmo tempo, como veremos na constância do texto, é a expressão de interesses das classes socialmente dominantes, e, assim, constata-se que a forma da construção do jurídico faz com que haja um distanciamento entre a norma e a realidade social, que deveria ser o seu referencial e conteúdo básico.

Como prolongamento do Estado Moderno e a partir de seus pressupostos, consolida-se a visão liberal do Estado burguês, representado por uma democracia representativa, com o poder residindo em um pequeno grupo de cidadãos. O Estado ideal é aquele no qual o poder político é estendido a um grupo amplo, deixando que o mercado livre cuide da distribuição da riqueza e da renda.

A Lei, inclusive a Constituição, veiculada pelo Estado, é imposta à comunidade, em nome de um pacto ou consenso meramente formal, cuja vigência, eficácia e validade não são discutidas pelos seus destinatários, eis que tais categorias são lidas tão-somente no âmbito intra-sistêmico do processo legislativo formal e de sua adequação procedimental junto às instâncias oficiais de aplicação da norma jurídica. A Constituição, assim, se apresenta como sendo a expressão verbal da normatividade de uma dominação que, em verdade, é exercida para manter ou colocar no poder uma determinada elite.

Todo esse processo revela uma profunda crise de legitimidade dos poderes instituídos, principalmente do Estado, colocando em xeque os instrumentos de representação política e a forma tradicional de fazer-se Democracia.

Para abordar tal temática, o texto que se apresenta agora tem um roteiro com cinco capítulos.

No primeiro capítulo, fala-se da contribuição riquíssima que a cultura grega forneceu à discussão proposta, tanto no que tange à investigação sobre a constituição de um espaço público de ordenação social: a cidade, como sobre a natureza da lei enquanto meio de regulação da estruturação dessa cidade e da mobilidade de sua cidadania, sublinhando o enfrentamento teórico que se trava entre Sofistas e Socráticos nesse âmbito.

Em seguida, no capítulo segundo, verifica-se em que circunstâncias e situações a idéia de Estado Moderno surge no Ocidente, optando-se pelo marco teórico também clássico que é a posição de Nicóllo Machiavelli, diante de uma Europa do século XVI e sua história, submersa num cenário filosófico e político conturbado e de transformações radicais.

No terceiro capítulo, aborda-se a contribuição do pensamento de Thomas Hobbes e John Locke à formação da teoria denominada contratualista do Estado Moderno, de uma certa forma até hoje recorrente pela filosofia política contemporânea, relevando os aspectos da constituição da sociedade civil e o exercício do poder político.

O quarto capítulo trata do grande marco teórico do trabalho, *i.é.*, as reflexões de Jean Jacques Rousseau sobre a desigualdade entre os homens, e a causa e os fundamentos do surgimento da sociedade e da lei; como se dá o pacto associativo entre os indivíduos e o significado da categoria vontade geral e consenso, elementos imprescindíveis, em nossa ótica, na análise do Estado Democrático. Ainda com Rousseau, enfrenta-se o fato de o contrato social que instaura o governo estar completamente cindido, fragmentado pela ilegitimidade do exercício do poder, mediado pela Lei.

No quinto capítulo, o trabalho apresenta a discussão sobre quais os fundamentos do Estado Moderno, como a representação política e a separação dos poderes, se são legítimos ou não, tentando trazer um conceito de legitimidade que se adeqúe ao enfoque dado até agora.

O sexto e último capítulo versa sobre o Poder Constituinte enquanto instância oficial de positivação original da constituição e organização da sociedade, oportunidade em que se pretende avaliar quais os seus aspectos histórico-filosóficos, bem como a questão de sua titularidade e legitimidade.

Quer-se, pois, com este trabalho, propor que a idéia de Estado Democrático seja concebida de forma ampliada, crítica e pluralista, pressupondo a mobilização política da sociedade, já evidenciada/pretendida, ao menos formalmente, pelos princípios constitucionais da Carta Política de 1988 (Título I), e utilizada como instrumental de interpretação e aplicação das regras constitucionais e infraconstitucionais. Acredita-se que assim é possível instaurar critérios de aferição mais objetiva do justo e de um modelo de democracia adequado à realidade nacional.

Capítulo I

A Lei e a Constituição como instrumentos de mediação à organização social e política da sociedade

1. A cidade criada pela lei como lugar da civilização

Parece ser inevitável, ao menos teoricamente, enfrentar a questão da organização da vida política e social dos indivíduos, assim como os instrumentos e meios que existem para o desiderato, sem observar alguns modelos teóricos da história clássica, principalmente grega, e nela, os legados da filosofia.

A despeito das diversas leituras que a história vem fazendo dos textos de filosofia grega, é incontroverso que uns, como Platão, na República, e Aristóteles, na Política e na Ética e Nicômacos e a Eudemo, chegaram, até os dias de hoje, como sendo grandes referenciais à análise política e filosófica da mobilidade política do homem - enquanto unidade -, sendo que seu comportamento não pode ser compreendido separadamente das suas idéias, junto aos seus, bem como a própria concepção de existência humana. Também é fácil identificar, nas obras prefaladas, um tratado sobre metafísica, que pretende demonstrar a unidade de todas as coisas na Idéia de Bem, ou bondade moral, que vem a ser a unidade da justiça, coragem, autocontrole e sabedoria.

TEORIA DO ESTADO
Cidadania e poder político na modernidade

Para o propósito desse tema, mister é que se possa evidenciar, por exemplo - sem transgredir qualquer texto - que aquela idéia de BEM que informa todo o diálogo da República, é algo que diz respeito à formação educacional, sim, do cidadão; mas, mais que isto, que os homens bons só poderiam pertencer a um Estado e só poderiam ser bons por meio de sua cidadania. Neste sentido vai a obra de Rousseau, pois,

"para ele, o Estado é um ser moral (*être moral et collectif; persone morale*), com uma vontade coletiva, soberana e orientada para o seu bem-estar. Não é uma associação legal destinada a proteger direitos, e sim uma associação moral, através da qual os homens assumem a sua responsabilidade ética."[1]

Em outras palavras:

"Fora da cidadania, os homens são animais estúpidos e limitados, movidos pelos apetites e pelo instinto; membros do Estado, o indivíduo se torna um ser inteligente."[2]

A partir daqui é que os problemas teóricos do discurso platônico tomam um relevo maior à investigação que se desenvolve. Primeiro, o filósofo estabelece as premissas de seu filosofar com o argumento da diferenciação e especialização natural entre os seres vivos e, especialmente, os seres humanos. Essa diferenciação e especialização serão demonstradas das mais diversas formas, todas seguindo o preciso método da interlocução induzida de Sócrates.

Ora, se existe uma tendência ínsita do homem em distinguir-se de seus pares em razão exclusiva das habilidades que possui, são estas que determinarão quais as funções a serem observadas e desenvolvidas

---

[1] Sir Ernest Barker. *Teoria Política Grega*. Brasília, UNB, 1978, p. 365.

[2] Platão. *Leis*. Coleção Diálogos, Volume XII, tradução Carlos Alberto Nunes. Paraná, Universidade Federal do Paraná, 1975, Livro I, 8; 875.

por cada espécie, diante de uma seleção natural mediada pelo *bom governo*. Por sua vez, o governo, que é gerido pelos mais capacitados (também previamente determinados por critérios apriorísticos), sempre estará preocupado com as grandes questões de interesse social. Enquanto uma escola filosófica grega denominada de sofistas vê a autoridade governamental como um meio para assegurar a auto-satisfação dos governantes, Platão ensina que por meio da *justiça* (enquanto qualidade espiritual em virtude da qual os homens se afastam do desejo de provar todos os prazeres e de extrair uma satisfação egoísta de todas as coisas), os homens se acomodam ao exercício de uma função determinada para o benefício geral, postulando ainda que a cidade não é objeto de auto-satisfação do Estadista, mas um organismo do qual participa e no qual exerce uma atividade definida.

Para Platão, indubitavelmente, existem Leis eternas de natureza Moral, e não são simples convenções que possam ser substituídas por um regime qualquer, mas que têm raízes no sistema do Universo e na natureza da alma, as quais não podem ser destruídas. Assim, busca provar que a cidade não é um ajuntamento causal de indivíduos, dominado predatoriamente pelo mais forte dentre eles, porém uma comunhão de almas unidas em torno de um objetivo ético, guiadas de modo altruísta e racional, pela sabedoria dos governantes, conhecedores da natureza, da alma e da finalidade do mundo.

Parece que o atual estado de governo da Grécia do século V não agrada muito a Platão, principalmente quando ele se apresenta na exata medida e proporção que os Sofistas apontam: corrupto e atendendo aos interesses de uma pequena parcela da população.

"Sócrates - Não é o primeiro traço comum com a oligarquia a tendência de sobrepor as riquezas a tudo mais ?

Adimanto - Julgo que sim.

Sócrates - Também se lhe assemelha pelo espírito de poupança e avidez, que só permite à natureza a satisfação dos desejos necessários, restringindo-lhe todos os outros gastos e refreando-lhes como supérfluos e vãos os outros apetites."[3]

A pólis em que vive Platão é dividida socialmente e, na raiz de todos os males, está o amor ao ganho, paixão que deveria ficar confinada na vida particular dos cidadãos, mas que infecta a política. Os ricos, procurando enriquecer ainda mais, monopolizam as funções públicas pelos benefícios que seu exercício pode trazer-lhes nos negócios particulares.

Resta fácil a conclusão do pensador no sentido de conceber o governo ideal a partir de uma crítica ao amadorismo, o que oportuniza a formulação do princípio da especialização em resposta aos que defendem a *espontaneidade do real.*

Lançadas as bases das especulações da República, consegue-se compreender porque inexiste uma aproximação maior entre *lei* e *justiça*, principalmente quando se sabe que essa justiça = *Dikaiosúne* está muito mais associada à moral do que à Lei. A Justiça não pode ser adquirida porque não é um conhecimento menor, que derive da experiência, mas um conhecimento maior, baseado num princípio e relacionado pelo raciocínio a uma causa; ela não é uma técnica, mas uma qualidade espiritual, uma inclinação da alma.

As Leis são uma coisa; a moralidade, outra. Uma se ocupa com as normas externas que orientam as ações dos membros de uma comunidade organizada; a outra, com as idéias subjacentes a estas regras, com os ideais que estão refletidos na ordem social.

Se Platão, em algum momento, acredita que o plano ideal de convívio social e a moral social sejam suficien-

---

[3] Platão. *A República.* Coleção Diálogos, Livro I. Paraná, Universidade Federal do Paraná, p. 226.

tes para garantir a consecução do seu projeto de cidade ou Estado, tal crença se esvai com o passar do tempo e dos acontecimentos históricos, principalmente em Atenas, quase adivinhando o que ocorreria no próximo período, o século IV, *i.é.*, a crise política e econômica sem precedentes por que passa toda a Grécia, principalmente com o Império Persa se mobilizando à conquista de novos territórios.

"Toda essa agitação originou um enfraquecimento da comunidade e, conseqüentemente, da pólis, eis que, quanto mais a pólis via-se obrigada a assalariar as suas forças armadas, tanto maior o número de cidadãos que ela já não podia satisfazer do ponto de vista econômico, sobretudo no tocante às terras, e viam-se, assim, obrigados a ir para outros lados para poder viver; quanto menos se mantinha algum tipo de equilíbrio entre os poucos e os muitos, tanto mais as cidades se povoavam de estrangeiros, quer emigrantes livres do exterior ou escravos emancipados - e menos significativa e real era a comunidade."[4]

A desagregação social e política que se apresenta no mundo grego, sem sombra de dúvidas, leva Platão a repensar quais as responsabilidades que os governantes deveriam ter para com a pólis e, em contrapartida, como a pólis deveria responder no seu cotidiano. O pressuposto do conhecimento da classe governante (filósofos) como condição para o efetivo exercício de administração, bem como o resto da divisão social em guerreiros e trabalhadores, completa o quadro de diferenciação social ou, na linha de raciocínio platônico, instala a necessária especificação de funções.

Aqui, o conceito de Justiça toma relevo, principalmente quando sua reflexão inicia, na República, com o posicionamento empírico de Trasímaco:

---

[4] Finley, M. I. *Os Gregos Antigos*. São Paulo, Livraria Martins Fontes, 1963, p. 77/78.

"Trasímaco - E não é um fato que em qualquer cidade a força suprema reside nos governantes? Mais ainda: cada governo tem leis apropriadas a seus interesses; democráticas, nas Democracias; despóticas, nas Aristocracias, e assim sucessivamente. Ora, ao procederem assim, não declaram os governos que o que é de seu interesse é justo para os súditos? E não castigam quem dessas normas se aparta como réu de ilegalidade e injustiça? Portanto, meu caro, o que digo, é que em todas as cidades, a mesma coisa, que é o interesse do governo estabelecido, é justa."[5]

Em seguida, o mesmo sofista traz uma reflexão bastante rica que, nas palavras de Platão, tenta parecer contraditória, eis que confronta a justiça do mais forte com a marginalização do mais fraco, e, em contrapartida, sustenta que a negação dessa justiça (injustiça) é ponderável que seja fomentada, devendo ser exercida pelo cidadão da pólis.

Num lampejo de mundaneidade, no Livro Segundo da República, Platão permite que Sócrates estabeleça a origem do Estado da seguinte forma:

"Sócrates - O que dá origem ao Estado é, segundo eu penso, a impossibilidade de cada indivíduo bastar-se a si mesmo e a necessidade que tem de uma multidão de coisas. Não sendo assim, a que outra causa atribuís a sua origem?

Adimanto - A nenhuma outra.

Sócrates - Destarte, pois, havendo a necessidade de uma coisa feito o indivíduo unir-se ao outro, nova necessidade, a nova união com outro, múltiplas necessidades reuniram, enfim no mesmo lugar, muitos homens com o propósito de se servirem uns

---

[5] Platão. *A República*, op. cit., p. 18.

dos outros. E foi a esta associação que demos o nome de Estado. Não é assim ? "[6]

A impossibilidade de o indivíduo bastar-se a si mesmo nesta passagem da *República* parece evidenciar que a preocupação de organização social e política da pólis passa inevitavelmente pelos interesses daquele grupo que tem condições materiais de manifestar suas vontades, todas voltadas, é evidente, para o fim predeterminado que constitui a Cidade: a realização do Bem Moral, contando o todo com o trabalho e dedicação de cada parte e cada função, ou seja, mantendo-se a estrutura de estratificação existente.

Na esteira desta postura filosófica, apesar de o Estado ter alguns alicerces básicos, como a nutrição, a habitação e o vestuário, ele se comporá basicamente de quatro ou cinco indivíduos, simplesmente porque os homens não nascem todos com os mesmos dons, possuindo um mais aptidões para uma coisa, e outro, para nada.

Tal postura é ratificada pela reflexão socrática:

"Sócrates - Pelo mesmo motivo, gerar a justiça é estabelecer entre as partes da alma a subordinação que lhes dispôs a natureza; gerar a injustiça é fazer com que uma parte possua sobre a outra um domínio que a natureza lhe negou."[7]

Para regular todas estas situações, o Estado/Cidade substitui os apetites pelas leis, o instinto pela justiça; dá à conduta humana a moralidade que lhe faz falta, a despeito de ser o Estado grego, culturalmente situado, uma fonte inesgotável de manutenção das discriminações sociais, pois, apesar de que o que constitui a figura do cidadão é "o direito de voto nas Assembléias e de participação no exercício do poder público em sua pá-

---

[6] Idem, p. 47.

[7] Idem, p. 122.

TEORIA DO ESTADO
Cidadania e poder político na modernidade

tria"[8], só "é cidadão aquele que, no país em que reside, é admitido na jurisdição e na deliberação"[9].

É óbvio que a premissa de que somente o homem virtuoso (aquele que detém conhecimento e condições financeiras para adquiri-lo) pode exercer o bom governo é lugar-comum nas reflexões da época. Entretanto, aquelas considerações de caráter abstrato sobre idéia de Estado e de Cidadão produzidas na cultura grega clássica vão auxiliar e mesmo conformar a produção reflexiva da idade moderna sobre a matéria.

Apesar das diferenças intelectuais e de concepções políticas entre Platão e Rousseau - neste todos os cidadãos têm voz na determinação da vontade coletiva e participam da formulação das leis, através das quais essa vontade se manifesta -, parece certo afirmar que o centro de debate sobre a natureza das leis e sua relação para com a sociedade continuará sendo o motivo dos grandes embates teóricos na definição do Estado, da Constituição e da própria Lei.

2. A natureza da lei e a sua relação com a ordem política e social da cidade: a contribuição do pensamento grego

No livro nono das Leis encontramos o pensamento platônico definindo a Lei como a própria civilização e indicador da passagem do homem do estado de natureza para a civilização. O autor afirma que a Lei se identifica com a razão (nomos = nous), cobrindo todos os espaços da vida humana, espiritual e material.

A despeito de Platão vincular a Lei com a idéia da razão, é inevitável que se tenha clara a descrença do autor sobre a possibilidade de esta lei ter uma origem

---

[8] Aristóteles. *A Política*. São Paulo, Martins Fontes, 1991, p. 36.

[9] Idem, p. 37.

popular, ligando-a mais à figura de um príncipe. Entretanto, Platão expressa dúvidas sobre o poder do legislador (709):

"quem sabe, o homem de fato nunca legisla, e todas as leis são produto da natureza e do acaso. Pode ser que os verdadeiros legisladores sejam as condições econômicas, as conseqüências da guerra, a peste e a fome."[10]

Pelo fato de Platão não distinguir com precisão o campo da moralidade do da legalidade, sua estrutura de pensamento exige que o homem se obrigue ao cumprimento das normas legais não apenas pela coerção, mas através da educação e persuasão. Assim é que se entende porque, para o autor e Aristóteles, as leis não se apresentam como uma força que age sobre o indivíduo, exterior a ele, mas um espírito que deve ser ensinado e introduzido em sua vida íntima.

Numa análise mais moderna da história, a filosofia grega, em cada uma de suas etapas, refletiu as estruturas econômicas, políticas e sociais de seu tempo, motivo por que mister é que se faça uma rápida leitura dos fatos históricos que precedem a contribuição de uma escola filosófica imprescindível à compreensão do significado político da Lei, e já referida anteriormente: a Sofística.

O período pré-socrático, coincidente com a expansão territorial do mundo grego, caracterizou-se pela investigação dos problemas cosmológicos, dedicando-se à reflexão sobre a origem do mundo e da natureza. Neste período, considerado como naturalista, a cosmologia inicia a busca de uma apreensão racional do surgimento e organização do universo, até para conseguir se mover dentro dele com maior segurança e rumo.

---

[10] *Teoria Política Grega*, op. cit., p. 289.

A partir do século VII a.C., inicia-se na Grécia uma transformação cultural de monta, resultado de um processo de maturação política que chega a termo. Desaparece, com a monarquia e com o regime aristocrático que a sucedera e estava por ser suplantado nas reformas sociais vigentes, aquilo que se poderia denominar de monopólio sacral da autoridade. Já em Homero, o basileus (Rei) compartilha, com os demais nobres, a tarefa de definir os rumos da convivência. Não existe o soberano isolado, circundado de caráter divino, investido, pelos deuses, do cetro e thémis. O basileus é o primeiro entre iguais, e sua autoridade reside no artifício do consenso, categoria que será analisada em seguida.

É neste século VII que Draco, legislador grego em Atenas, rompe drasticamente com o sistema de elaboração das leis por parte exclusivamente das grandes famílias patriarcais (géne), fixando, por escrito, algumas normas fundamentais de convivência social. Com tal atitude, objetiva-se a norma e ela se torna pública e visível a todos os indivíduos da cidade.

O tipo de racionalismo que se desenvolve na Grécia pré-socrática, como não poderia deixar de ser, é fundamentado na experiência sensível - objeto de enfrentamento do indivíduo com seu cotidiano, o que proporciona e, de uma certa forma, fomenta a perseguição de princípios lógicos absolutos definidores do mundo, que esclareçam como as coisas surgem, crescem e desaparecem, enquanto a natureza permanece sempre a mesma. Ao investigar essas questões, tais pensadores procuram eleborar uma teoria geral que abarque e torne inteligíveis todos os fenômenos do mundo físico.

Talvez a principal vertente filosófica neste campo seja a de Aristóteles, principalmente em duas obras: *A Política e Ética a Nicômacos*. Vejamos o que o autor tem a dizer sobre o tema.

3. A contribuição de Aristóteles

Aristóteles é considerado, quase de forma unânime, um dos maiores pensadores do Ocidente, pois ao longo de sua trajetória intelectual enfrenta questões da mais alta polêmica junto à cultura ocidental. Nascido em 384 a.c., na cidade grega de Estagira, dominada pelos macedônios, é filho de Nicômaco, médico da corte do rei macedônio Amintas II, motivo por que, apesar da morte prematura dos pais, sempre manteve fortes laços com a realeza e os benefícios próprios a ela. Com 17 anos de idade deixa a cidade de Atarneu e dirige-se à Atenas, ingressando na Academia de Platão e tornando-se, em pouco tempo, um dos seus mais destacados alunos. Com o desenrolar de suas pesquisas e reflexões, vai-se distanciando da matriz clássica platônica de filosofia especulativa, voltando sua atenção para questões mais práticas, atinentes à racionalidade do mundo e suas implicações político-filosóficas[11].

Para estudar um objeto que resulta da atividade do próprio sujeito do conhecimento (indivíduo/cidadão), Aristóteles entende que o método mais indicado é o indutivo, pois discutindo as opiniões correntes apresentadas pelos homens de sua época sobre o assunto, poderia chegar a enunciar algumas das normas mais gerais que regem o fenômeno social.

A época em que se dão estas investigações aristotélicas é rica em modelos e objetos de estudo, pois discute-se, fundamentalmente, sobre dois referenciais básicos de organização social ou de Constituição política: o Ateniense, em que prevalece a liberdade e a democracia[12], e

---

[11] O conhecimento científico que sustenta esta posição, em Aristóteles, não engloba apenas o sentido teórico de um conhecimento que busca desinteressadamente o seu objeto, mas também o sentido prático do conhecer, para agir e atuar no plano da contingência. Assim a Política é tratada pela ciência denominada de prática, diferente das ciências teóricas.

[12] Ao mesmo tempo em que reinava a instabilidade política, a corrupção e a demagogia.

o Espartano, caracterizando uma sociedade autocraticamente organizada, na qual as liberdades individuais estão inteiramente subordinadas às conveniências da *Pólis.*

Aristóteles, em *A Política*[13], trata destas questões e, no fundo, enfrenta a problemática do Estado. Sobre esse tema, o autor usa uma linguagem que extrapola o discurso mitológico até então em voga[14], utilizando poderosa argumentação lógica, jurídica e política para justificar o poder e a organização social[15].

A relação vertical do soberano com seus súditos se vê substituída por uma relação horizontal: iguais se reconhecem como iguais e com igual direito à palavra. Dessa relação, a divindade está ausente. O debate se instaura. A dialética nasce. Por meio dela se criam regras e leis reconhecidas por todos como justas. Por meio dessas se instituem os tribunais, que definem a partir de si próprios o direito sobre o qual devem-se pronunciar. Tal direito, entretanto, reconhecido na sociedade grega, constitui um conjunto de privilégios, poderes e imunidades distribuídos desigual e diferenciadamente entre alguns de seus membros, em desfavor da maioria populacional[16].

---

[13] Aristóteles. *A Política*. São Paulo, Martins Fontes, 1991.

[14] O mito aqui é uma tentativa dos literatos gregos de apreender a totalidade e buscar-lhe os sentidos insondáveis. Para tanto, estabelece uma hierarquia entre as potências naturais, celebrando-as sacralmente, pois consideradas essenciais à manutenção da ordem no mundo. Esse discurso, além de servir para justificar os costumes e as leis impostas pela realeza, manipula a comunidade - ou a educa, como quer Platão.

[15] Neste sentido, para se aferir como se dá a discussão sobre os dicursos filosóficos na época, ler o texto de Maria do Carmo Bettencourt de Faria, *Aristóteles: a plenitude como horizonte do ser.* São Paulo, Moderna, 1994.

[16] Conforme a fonte de consulta histórica utilizada: o texto de M. I. Finley, *Economia e Sociedade na Grécia Antiga.* São Paulo, Martins Fontes, 1990: "A maioria dos atenienses, como a maioria dos gregos, tinha um baixo padrão de vida e trabalhava para viver, não mais duramente que os remadores da frota, o maior grupo de homens que recebia pagamento do Estado." p. 96.

Ao contrário do discurso místico, os argumentos de Aristóteles dizem respeito fundamentalmente ao tempo histórico vivido, inspirado pela prudência e pela atenção ao concreto, ao cotidiano, ao real, constituído a partir de uma relação de forças política e economicamente identificadas na história como forma de governo democrática, aristocrática e oligárquica.

O Pensador está em busca de uma nova ciência que tem por objeto a ação/práxis do homem: a ética e a política, a partir de uma tradição filosófica específica no campo da reflexão política, que se funda no âmbito da filosofia natural[17], buscando alicerçar os seus argumentos a partir de um método e de uma lógica impressionante, como a que diz que é para a mútua conservação que a natureza deu a um o comando e impôs a submissão ao outro.

A primeira assertiva que faz o autor, na obra *A Política*, é que a Sociedade é Estado. Essa concepção implica, primeiro, um determinado conceito de sociedade, e, em segundo lugar, o reconhecimento de que essa sociedade é formada por um tipo de cidadão que tem plena consciência das suas atribuições e responsabilidades políticas, participando do poder público. Porém, conforme a forma de governo, a categoria de cidadão pode-se alterar, em razão da proposição a que pertence, mas é na Democracia *que é preciso procurar aquele de que falamos*[18], pois lá o povo vale algo e há um pressuposto que a constitui e identifica: a assembléia geral.

A origem do Estado é a família, *principal sociedade natural*, e com a melhor divisão ou organização do Poder que se poderia pensar à época, estando o comando junto à figura do *mais velho*/ancião.

---

[17] *A Política*, op. cit., p. 2. "É para a mútua conservação que a natureza deu a um o comando e impôs a submissão a outro".

[18] *A Política*, op. cit., p. 37, Livro II.

A Sociedade, que nada mais é do que a reunião de várias *casas*[19], institucionaliza-se com a Aldeia, em que o critério da consangüinidade é o parâmetro de ascensão direta ao comando político das atividades comunitárias. Assim, a Sociedade constitui a Cidade, que se basta a si mesma, pois tem uma finalidade eminentemente coletiva: conservar a existência dos cidadãos[20] e propiciar-lhes o bem-estar. Essa categoria advém do desenvolvimento da idéia de bem, enfrentada pelo autor na *Ética a Nicômacos*[21].

A conservação da existência dar-se-á pelo trabalho de cada um, estabelecidas as trocas de mercância propiciadas pelo espaço físico da cidade, enquanto o bem-estar é objetivo não só material, mas também moral, pois depende de cada um a felicidade e a prosperidade do outro, já que o homem é um animal cívico, mais social do que as abelhas[22], que possui o dom da palavra, que não devemos confundir com os sons da voz[23].

As sociedades domésticas e os indivíduos não são senão as partes integrantes da Cidade, o todo existe

---

[19] Ocupadas por famílias.

[20] Na *Ética a Nicômacos*. Aristóteles. Brasília, Edunb, 1992, Livro I, 1098, a. Aristóteles propõe um paradigma de homem/cidadão: "a função própria do homem é um certo modo de vida, e este é constituído de uma atividade ou de ações da alma que pressupõem o uso da razão, e a função própria de um homem bom é o bom e nobiliante exercício desta atividade ou a prática destas ações, se qualquer ação é bem executada de acordo com a forma de excelência adequada - se este é o caso, repetimos, o bem para o homem vem a ser o exercício ativo das faculdades da alma de conformidade com a excelência, e se há mais de uma excelência, de conformidade com a melhor e mais completa entre elas".

[21] *Ética a Nicômacos*. op. cit., Livro I: 1097, a. Em seguida, 1098, a, o autor confessa que os bens pertinentes à alma são os mais verdadeiros.

[22] *A Política*, op. cit., p. 4. Ver também a p. 46.

[23] Os sons da voz são apenas expressões de sensações agradáveis ou desagradáveis de seres irracionais, enquanto as palavras evidenciam o exercício de um conhecimento desenvolvido, *ratio*, sobre o bem e o mal, sobre o útil e o nocivo, sobre o justo e o injusto. Op. cit., p. 3.

necessariamente antes da parte[24], e, quando estão em dissintonia entre si, revelam-se absolutamente inúteis e sem sentido à boa vida. O mesmo ocorre com os membros da Cidade: nenhum pode bastar-se a si mesmo, e o homem que não conhece[25] nem justiça nem leis é o pior de todos os animais. Tal conhecimento é adquirido e construído a partir da natureza sociável ínsita à espécie humana, porque se não fosse assim, o indivíduo respiraria a guerra, não sendo detido por nenhum freio e, como uma ave de rapina, estaria sempre pronto para cair sobre os outros[26].

Aqui percebe-se como Aristóteles

> "acepta la supremacía de la norma jurídica como marca distintiva del buen gobierno y no sólo como una desgraciada necesidad. Su argumento para defender esta posición es el de que Platón se equivocaba cuando, en el Político, consideraba como alternativas el gobierno de la ley y el gobierno de gobernantes sabios. Ni siquiera el gobernante más sabio puede prescindir de la ley, ya que ésta tiene una calidad impersonal que ningún hombre, por bueno que sea, puede alcanzar. La ley es la razón desprovista de la pasión."[27]

---

[24] Veja-se que "As sociedades domésticas e os indivíduos não são senão as partes integrantes da Cidade, todas subordinadas ao corpo inteiro, todas distintas por seus poderes e suas funções, e todas inúteis quando desarticuladas, semelhantes às mãos e aos pés que, uma vez separados do corpo, só conservam o nome, a aparência, sem a realidade, como uma mão de pedra". *A Política*, op. cit., p. 5.

[25] Este conhecimento em Aristóteles está diretamente ligado à idéia de comportamento ético que o autor tem, ou seja, não se admite que o homem como ser racional tenha comportamentos que violem suas crenças, costumes e tradições (leis e justiça). "O melhor dos homens não é aquele que põe em prática sua excelência moral em relação a si mesmo, e sim em relação aos outros, pois esta é uma tarefa difícil". *Ética a Nicômacos*. op. cit., 1130, a.

[26] *A Política*, op. cit., p. 4.

[27] Sabine, George. *Historia de la Teoría Política*. México: Fondo de Cultura Económica, 1992, p. 79.

É esta racionalidade desprovida de paixão que deve orientar os comportamentos dos súditos e do governo/autoridade, oportunidade em que surge o consentimento do estabelecido como pressuposto de constituição da Sociedade e do Estado, veiculado pelo acatamento inquestionável da lei, já que necessária à ordem.

Desta forma, o discernimento (saber o que é certo e errado) e o respeito ao direito (costumes, hábitos e tradições da cultura oficial) formam a base da vida social. O instrumental normativo forja no homem (grego) laços de co-responsabilidade pela paz e segurança do cidadão, administrando as forças e impulsos divergentes que emergem de uma sociedade profundamente desigual, pois evidencia as virtudes que interessam à sociedade civil preservar no tipo de cidadão, homem e mundo que a informa.

Eis o diferencial conceitual de lei e Constituição em Aristóteles: ele as concebe como a materialização dos princípios e valores que regem a sociedade, preservando os costumes e as tradições conquistadas no tempo e que oportunizam um viver bem. Não fosse assim, a lei se apresenta como mera convenção de garantia, capaz de fazer com que os cidadãos respeitem os deveres e direitos recíprocos, mas incapaz de torná-los ou mantê-los bons e honestos[28].

Em razão das reflexões até agora ponderadas, é possível visualizar na arquitetura teórica de Aristóteles, de cunho jusnaturalista, principalmente na obra *A Política*, uma primeira aproximação com a idéia de Estado de Direito, a partir de três fundamentos específicos: a) a preponderância de um interesse público e geral[29]; b) a especificidade dos atos de governo é determinada por regramentos constitucionais; c) a obediência dos súditos

---

[28] *A Política*, op. cit., p. 46.

[29] *Não é só para viver juntos, mas sim para bem viver juntos que se fez o Estado. A Política*, op. cit., p. 45.

não se dá pela força das armas, mas pelo convencimento do bem coletivo e pelo consentimento[30].

É a partir do capítulo IV do livro *A Política* que o filósofo faz uma análise acurada sobre a figura do cidadão, traçando uma divisão conceitual do termo, com base na realidade social e política que o circunda. Primeiro se refere aos cidadãos de nascimento, afirmando que não é a residência que constitui o cidadão, afinal os estrangeiros e escravos não são cidadãos, mas meros habitantes, mas é a verdadeira integração cultural, valorativa existente entre os indivíduos. Da mesma forma o comércio e a idade não são elementos identificadores do cidadão.

> "La enorme fuerza de la polis sobre la vida de los individuos se fundaba en la idealidad del pensamiento de la polis. El estado se convirtió en un ser propiamente espiritual que recogía en sí los mas altos aspectos de la existencia humana y los repartía como dones propios."[31]

O que caracteriza o cidadão é o fato de ele ser admitido a participar dos negócios da cidade[32], em maior ou menor grau, conforme a forma de governo que exista: se democrático, a participação do maior número de cidadãos nos negócios é relevante; se aristocrático ou oligárquico, a participação é minoritária.

Enfim, é cidadão aquele que, no país em que reside, é admitido na jurisdição e na deliberação. É a universalidade deste tipo de gente, com riqueza suficiente para

---

[30] Interessante notar o registro que Werner Jaeger faz em sua obra *Paideia*, México, Fondo de Cultura Económica, 1992, p. 109, quando lembra que a idéia de governo ou Estado de Direito era, inicialmente, trabalhada a partir da idéia de homem justo, como aquele que obedece às leis e se comporta de acordo com seus mandamentos.

[31] *Paideia*, op. cit., p. 111.

[32] *A Política*, op. cit., p. 36.

viver de modo independente, que constitui a Cidade ou o Estado[33].

Deixa o autor transparecer que não há uma regra universal e absoluta para a definição de cidadão, mas, antes disto, estes conceitos orbitam no campo da política, mera contingência.

As qualidades do bom cidadão são registradas pela máxima, de uma certa forma paradoxal/ideológica, de que não é possível bem comandar se antes não se tiver obedecido, pois o mérito de quem comanda é a prudência, e os que obedecem não necessitam dela, basta terem confiança e docilidade. Dos mesmos princípios depende a felicidade do Estado. É impossível que um Estado seja feliz se dele a honestidade for banida. Não há nada de bom a esperar dele, nem tampouco de um particular, sem a virtude e a prudência; a coragem, a justiça e a prudência têm no Estado o mesmo caráter e a mesma influência que nos particulares[34].

Portanto, conclui-se com Aristóteles que o melhor Estado é aquele que usa do seu poder para garantir e proteger a felicidade dos cidadãos e da Sociedade, como um todo, guardadas as proporções culturais de cada povo. Por exemplo, entre semelhantes, a honestidade e a justiça consistem em que cada um tenha a sua vez. Apenas isto conserva a igualdade. A desigualdade entre iguais e as distinções entre semelhantes são contra a natureza e, por conseguinte, contra a honestidade[35].

Por outro lado,

---

[33] Para Aristóteles, aqueles que não tinham condições materiais de autonomia não teriam independência suficiente para gerir com espírito público os negócios da cidade, estando mais suscetíveis à privatização dos instrumentos de governo, no intuito de resolver seus problemas pessoais, e dependeriam de favores de uma parcela minoritária da sociedade. Isto pode ser visto facilmente, entre outros lugares, no tópico *As diversas espécies de cidadãos*, no Livro II de *A Política*, op. cit., p. 39.

[34] *A Política*, op. cit., p. 49.

[35] *A Política*, op. cit., p. 53.

"Anaximandro trató de describir la naturaleza como un sistema de propiedades opuestas (como, por ejemplo, el calor y el frío), separadas por una sustancia neutra subyacente. La armonía o proporción o, si se prefiere, la justicia, es uno de los principios últimos de todos los primeros intentos de formular una teoría del mundo físico."[36]

De qualquer sorte, diante da percepção da existência de uma ordem na Natureza, é razoável que os gregos utilizem, para se ilustrar e defender, uma ordem semelhante, e igualmente válida, entre os homens.

Assim, pois, desde os jônicos, a cultura grega persegue a idéia fundamental da harmonia ou proporcionalidade, indiferentemente, como princípio físico ou ético, concebendo-a como propriedade da natureza em geral e como propriedade racional da natureza humana. Neste período, os acontecimentos e objetos particulares que formam o mundo físico devem explicar-se a partir da hipótese de que constituem variações ou modificações de uma substância subjacente que, em essência, continuará sendo sempre a mesma.

Esta substância, com o passar dos tempos, é reconhecida como uma Lei da Natureza, eterna em meio às infinitas caracterizações e modificações das circunstâncias humanas; podendo-se encontrar uma tal lei permanente, será possível levar à vida humana um certo grau de justiça natural (Thémis) e, à medida que se caminha para a consciência de que é preciso que os homens realizem a justiça, façam-na acontecer historicamente, oportunizando uma justiça racional. Compreende-se, agora, porque a filosofia política e ética grega continuam a procurar por uma filosofia da natureza, buscando a permanência em meio à mudança e a unidade em meio à multiplicidade.

---

[36] Sabine, George H. *Historia de la Teoría Política*. México, Fondo de Cultura Económica, 1992, p. 54.

TEORIA DO ESTADO
Cidadania e poder político na modernidade

Apesar dos esforços do século VI a.c., a Grécia não consegue desvendar em que consiste realmente o centro imutável da natureza humana comum a todos os homens, ou, em outras palavras, quais são os princípios permanentes das relações humanas que subsistem uma vez desaparecidas todas as formas com que as hão vestido as convenções, os hábitos, os costumes e a própria Lei; em contrapartida, como vai-se delimitar o conceito de natural?

Destes questionamentos surge um dos grandes embates da filosofia Grega do século V a.C.: qual a relação existente entre Natureza e Convenção-Lei? A resposta dos sofistas a essa indagação servirá de prumo às formulações políticas de então.

Após as especulações da escola Jônica e as que a sucedem, tanto os pitagóricos como a escola Eleática e a Atomística, há um esgotamento do pensamento especulativo, principalmente quando concebem a explicação física do mundo como o descobrimento de realidades simples e imutáveis, não satisfazendo as respostas ao questionamento supracitado. Nesse contexto, algumas condições sociais vigem no mundo helênico, como a corrupção dos costumes e o desprestígio das crenças religiosas, abaladas pela crítica racionalista dos pré-socráticos.

Na Atenas de Péricles, contemporaneamente aos pré-socráticos, a Sócrates e a Platão, a cidade grega, após a vitória sobre os persas, vive um esplendor de civilização, centro de irradiação cultural e prosperidade econômica, onde se presencia uma impulsão do pensamento, o que aguça a consciência individual e nacional. Num cenário como esse, o grego encontra-se em uma ambigüidade existencial, tendo diante de si uma relação paradoxal: Mitos e Deuses x Cidade e Homens.

"Não havia ainda a lei promulgada (*nómos*), mas o costume inalterável (*díke*) guiava o destino dos homens. O sentido de uma ordenação inevitável da vida humana era tão poderoso que, por contraste, a vida da terra, com os raios e a tempestade, seu fluxo contínuo sujeito a tantas alterações, devia parecer imprevisível e indeterminada. Na vida do homem estava tudo designado: fazia-se 'isto', e acontecia 'aquilo'."[37]

4. A contribuição dos sofistas

A novidade trazida pelos sofistas consiste, numa primeira fase, da reação contra a filosofia jônica, e, em seguida, tentam estabelecer a possibilidade de superação da relação Deus x Homem. Górgias e Protágoras tentam fazer voltar o foco da investigação para o homem. Esse último admite a possibilidade de existirem dois juízos (*lógoi*) sobre cada coisa, opostos e, contudo, verdadeiros, de acordo com o ponto de vista enfrentado; um desses juízos porém deverá ser mais forte, devendo a argumentação (persuasão) demonstrá-lo.

Ao que parece, o juízo mais forte a que se refere Protágoras restringe-se àquilo que o homem comum tem como normal, integrando a cidade, a qual é fundada voluntariamente pelos desígnios de Deus e da Natureza. Para ele, a Lei é uma boa mestra e escola, eis que ensina aos homens o modo adequado de viver.

Já Hípias[38] atesta que o justo e o legal são idênticos, embora se preocupe com o fato de que os que promulgam a lei muitas vezes a rejeitam ou a alteram, bem como crê no fato de que os homens semelhantes entre si convivem bem em razão de sua natureza, enquanto as Leis, na maioria das vezes, impõem-se pela força[39].

---

[37] *Teoria Política Grega*, op. cit., p. 83.

[38] *Memorabilia IV, 4*. Xenofantes. *in* Diálogos Gregos. Universidade Federal do Paraná, 1978, p. 103.

[39] Platão. *Protagorás*, *in* Diálogos Gregos, op. cit., p. 213.

Assim, a Natureza passa a ser encarada em oposição à Lei, e em posição superior a esta. Significa dizer que o conteúdo moral da tradição, do costume e das instituições se opõe ao código ideal de moralidade baseado na concepcão de um "princípio básico" que rege a vida do homem (Fisicistas).

Entremeios, é interessante observar a contribuição dada por Ântifon, especificamente com seu texto *Sobre a Verdade*, onde afirma, entre outras coisas, que existe uma conexão entre a especulação física e o pensamento ético, e que a visão fisicista do Universo leva a um sistema naturalista na ética e na política. Ele utiliza o conceito de Natureza em dois sentidos: para desacreditar as Leis promulgadas pelos Estados que considera mera matéria de opinião e convencional; para destruir a distinção que se faz na época entre gregos e bárbaros, pois tanto uns como os outros participam da natureza comum da humanidade.

Já a Justiça, para Ântifon e no entendimento comum da época, consiste em não transgredir, ou em não se fazer conhecido como transgressor - eis que, quando não se está sendo observado na constância de uma transgressão, inexiste a possibilidade da infligência de um castigo - de qualquer uma das normas legais (Nómina) do Estado onde se vive como cidadão. Na ausência das normas legais se obedece aos ditames da natureza. A razão disto é o seguinte: as Leis são adventícias - fictícias -, enquanto as regras da natureza são inevitáveis e inatas.

A conclusão do raciocínio do pensador é instigante, i.é, a idéia de que os homens procuram outra coisa que não seja a vida, o prazer, ou de que alguns homens são melhores do que outros, é artificial, fantástica; é uma criação mental baseada numa opinião (*doxa*).

Em Górgias[40], encontramos na fala de Cálicles a rejeição de todas as Leis, que considera simples produ-

---

[40] *Diálogo Platônico, in* Diálogos Gregos, op. cit., p. 31.

tos do contrato (*Sunthémata*), instituído pelos fortes para defraudar os fracos, e que estabelece uma moral de escravos (*Tà Álla Zoa*[41]) . O mesmo interlocutor defende ainda que, na natureza, a regra geral é a desigualdade, porque a igualdade só existe por convenção (Lei), bem como só por convenção os homens reivindicam uma distribuição igualitária (isonomia); toda a obra humana é filha da palavra, por ela constrói-se tudo e governa-se o Estado.

No mesmo sentido vai Crítias[42], quando afirma que os Deuses são invenções dos sábios, destinados a aumentar a segurança da vida social, pois o temor que inspiram controla as intenções malignas; da mesma forma as Leis, inventadas também pelos homens de sabedoria, impedem sua manifestação prática.

A par de todas estas considerações, pode-se depreender, atendendo os limites deste trabalho, que o processo de criação da Lei e seus significados tem uma natureza muito mais política do que propriamente jurídica.

É imperioso que se contextualize a existência de um ordenamento de regras comportamentais no mundo grego com as formas de exercício do poder que se instala, seja monárquico ou aristocrático, e daí, concomitantemente, se considere a postura filosófica que sustenta a relação entre ordem da natureza e ordem dos homens.

Que o homem grego possa ter tomado a natureza do mundo que se lhe apresentava à época como parâmetro para organizar sua vida e criar valores e princípios de sobrevivência e convívio social, isso é crível e demonstrado pelas obras literárias legadas pela história. Entretanto, aceitar a idéia de que exista uma relação necessária e exclusiva, ou preponderante, entre Lei na-

---

[41] Idem, p. 34.

[42] Idem, *in Sisifo*, p. 120.

tural e Lei humana, parece já contestado pela Sofística, como acima demonstrado. A simples constatação do rito de passagem do nómos-lei promulgada, para a díke-costume inalterável que guia o destino dos homens, já indica que a Lei dos homens é fruto de uma exteriorização da vontade política de alguns cidadãos - o que por si só já evidencia uma postura de ampla exclusão social, se não se esquece quem era cidadão neste período histórico, e não simplesmente o resultado do caminho inevitável da natureza das coisas.

Os sofistas trazem à tona a dimensão mundana das Leis e dos Códigos que pretendem ordenar a vida na terra e, com isso, propõem a reflexão política sobre verdadeira natureza dessas *nómos*, para em seguida questionarem as estruturas sociais vigentes na Grécia clássica; as diferenças entre Lei Natural e Lei Humana; a aceitação da idéia de infringência das Leis Humanas, quando necessário; a crítica à alegação de que alguns indivíduos são melhores que os outros; a caracterização da Lei como uma convenção artificial, criada por homens.

Conclui-se que, apesar de inexistir uma formulação conceitual e estrutural de Estado no pensamento sofístico, a sua concepção de Lei humana e, conseqüentemente, a questão da organização da cidade-espaço político de mobilização dos indivíduos, é fundamental à apreciação da formação de uma possível teoria sobre o Poder, o Estado e o Governo.

5. A jurisdicização da cidade

Já se sabe até aqui que a evolução do homem na Terra e o processo de associação em que se envolve ocorre a partir da sua relação com a natureza, ora em nível de animosidade, ora manipulando-a para servir aos seus interesses, esses de sobrevivência descoberta da própria espécie.

Com as reflexões políticas e filosóficas desde Platão, verificadas anteriormente, tem-se um panorama teórico e de premissas extremamente importantes à análise do Estado e de sua constituição, principalmente no que tange a alguns de seus elementos, como governo, lei, participação popular, soberania.

Sobre o fenômeno de agrupamento social do homem na face da Terra, enquanto as considerações (inicialmente platônicas, da República)

> "atinentes à cooperação demonstram porque o homem convive com seus semelhantes, e ainda, porque ele busca nisto uma forma de comunidade altamente diferenciada; apenas os elementos de conflito (aristotélicos, hobbesnianos, etc.) mostram porque o convívio deve ser configurado de forma jurídica, e com isto, também de forma coercitiva e de dominação"[43].

Entretanto, não pode prosperar a postura analítica preconizada por Hobbes no sentido de ver justificado o poder de um governo que pretenda assegurar a paz e a felicidade ao cidadão pelo próprio governo, outorgando-lhe uma natureza absoluta e despreendida de quem o criou, sob pena de se perder de vista outras discussões importantes, como a do fundamento do poder político e o seu exercício junto à sociedade civil.

No mesmo sentido, a pretensão mais apurada de Locke de constituir um governo por pactos sociais geridos a partir de cláusulas preestabelecidas na lei firmada, se confere maior organicidade à sociedade quando institui o governo, ao mesmo tempo dá legitimidade ao exercício do governo a uma parcela extremamente diminuta da sociedade-proprietários.

---

[43] Höffe, Otfried. *Justiça Política*. Vozes, Petrópolis, Rio de Janeiro, 1991, p. 226.

Em Rousseau, direta ou indiretamente, encontra-se a melhor contribuição dos teóricos do reconhecido Estado-Contrato, tanto no âmbito da constituição do Estado/governo, provindo de uma vontade geral soberana[44], como no exercício dos atos de governo, todos vinculados às demandas da vontade geral (da maior parte do povo), corporificadas na Lei. Daqui por diante, o critério de aferição da legitimidade - do governo, do Estado, do Poder e da Lei - será demarcado fundamentalmente por elementos quantitativos de representação social.

Na abordagem do corpo legislativo e executivo, Rousseau sustenta com coerência a necessidade de esse ter consciência de suas funções públicas, e do papel que representa: mero funcionário da sociedade, vinculado aos seus desejos e problemas.

Todas estas concepções sobre o Estado como um fenômeno não só natural mas eminentemente político vão oportunizar, na História, a superação da idéia de que os regimes monárquicos detêm, na figura do príncipe, a *lex animata*, representando uma comunidade política que se legitima por fundamentos divinos atemporais e que rejeitam qualquer indagação quanto à sua validade.

"É a livre determinação do sujeito que será uma das principais fontes do regime democrático. Logo, o que está em questão é a alternativa entre um espaço de encontro, de discussão, de persuasão e de deliberação, e um espaço que se constitui através de

---

[44] Observe-se que "o conceito de vontade geral encontra-se na base de legitimidade das instituições democráticas, na medida que permite - e dá sustentação a - uma forma de ação fundamentada no homem enquanto ser livre, portador de direitos e capaz de estabelecer uma relação racional com outrem". Rosenfield, Denis. *Filosofia Política e Natureza Humana*. Porto Alegre, L&PM, 1991, p. 197.
Não entro no debate de se a premissa rousseauniana de que o povo é bom outorga um certo grau de falibilidade a sua tese, por absoluta falta de verificação, pois, simbolicamente, os sentidos da vontade geral servem como parâmetros para delimitar um bom/justo governo.

uma fala usurpada por alguns que guardam o seu monopólio, podendo esta inclusive adotar formas teológicas."[45]

A partir da idade moderna, a figura do Estado estará mais desapegada, enquanto instituição política, da cultura monárquica sobre os fundamentos e exercício do Poder. E, para tanto, como antes referido, inicia um processo de jurisdicização da sua existência, o que se corporifica, precipuamente, na codificação das normas e regras de comportamento e posturas, agora não só do cidadão, mas também do próprio Estado.

Passando o Estado a ter compromissos e atribuições delimitadas, um instrumento jurídico a sua altura é exumado da história como mecanismo efetivo e eficaz à administração dos interesses públicos e controle do governo: a Constituição.

Quando se pensa em fazer alusões à idéia de Constituição, parece que se impõe necessária uma recuperação histórica das origens deste marco político e jurídico da era moderna. Entretanto, nos limites que se propõe este trabalho, afigura-se como improducente retomar as contribuições mais remotas do pensamento antigo, especialmente grego ou romano, porque, direta ou indiretamente, elas se revelam na produção teórica dos pensadores até agora enfrentados.

No próximo capítulo, tentar-se-á demonstrar como se forma a jurisdicização do Estado e da própria sociedade, e quais as implicações deste processo na delimitação do seu ser e do dever-ser.

---

[45] *Filosofia Política e Natureza Humana*, op. cit., p. 182.

Capítulo II

Constituição e legitimidade no Estado moderno: causas e condições

1. Situação histórica e política da Europa dos séculos XIV e XV

Partindo do pressuposto de que o conceito de Estado não tem aceitação universal, mas serve tão-somente para indicar e descrever uma forma de ordenamento político surgido na Europa a partir do século XIII até os fins do séculos XVIII, mister é que se enfrente, no preâmbulo deste capítulo, a contextualização da situação política e histórica destes períodos, para evidenciar quais os contornos teóricos e práticos que irão se formar a partir daí.

É sabido que, por volta dos séculos XI e XII, a Europa feudal entra na fase decisiva de seu desenvolvimento. O aumento da produtividade econômica dos feudos e a expansão das vilas e cidades determinam uma nova dinamização das atividades e da vida social, oportunizando o crescimento do comércio e a organização dos ofícios em Corporações.

Paralelamente a isto, vai surgindo uma nova categoria social, caracterizada pela atividade que desenvolve junto à sociedade: o comércio e a circulação de mercadorias, a saber, a Burguesia.

TEORIA DO ESTADO
Cidadania e poder político na modernidade

Neste mesmo período, desenvolve-se o intercâmbio com o Oriente, especialmente a partir das Cruzadas e, enquanto o Clero vai firmando sua hegemonia política, um período de esclarecimento toma conta do cotidiano das cidades, o que faz surgir alguns centros de reflexão e reprodução de conhecimento, como as Universidades de Oxford, Cambridge, Bolonha, Salermo, Paris e Coimbra.

Já no aspecto político, observa-se o fortalecimento do Estado Nacional Monárquico em França; as lutas visando à expulsão dos mouros na Espanha, com o nascimento do Parlamento na Inglaterra e a fragmentação do Sacro Império Romano-Germânico.

Enquanto não se instaura o poder político da burguesia ascendente, vige na Europa o Direito Canônico, regulando a conduta do pessoal da Igreja e fixando suas relações hierárquicas e seus tribunais. Percebe-se nessa autoridade o exercício de uma censura rigorosa sobre os costumes, aparentemente fundada (divindade), o que vai explicar, em seguida, a origem formal da concepção do Direito e das leis que domina até hoje no Ocidente.

Entretanto, no centro da ordem cristã, enquanto o papado assevera uma primazia da autoridade espiritual, que implica a subordinação dos poderes temporais, impõe-se nos reinos uma prática jurídica e administrativa que garante a autonomia de um poder que se exerce em virtude de princípios profanos: o poder real.

Ao mesmo tempo, surge na Inglaterra uma preocupação de, com o Parlamento, instituir instrumentos de mediação à organização política e do governo, enfrentando, gradativamente, a idéia de poder absoluto do Rei e mesmo da Igreja, colaborando com a reflexão da cisão entre poder temporal e espiritual.

Na França do século XIII, há um empenho dos legisladores em destruir os núcleos feudais e religiosos que ainda mantêm uma base de sustentação ao ideário conservador existente.

"Em todo o Ocidente cristão, opera-se uma transformação da natureza do poder: os laços pessoais organizados em torno da idéia de soberania são progressivamente substituídos por uma hierarquia jurídico-administrativa centrada num princípio que anuncia a própria noção moderna de soberania. A autoridade real não mais se exerce sobre um patrimônio povoado por populações protegidas ou assistidas, mas sobre um território cujos habitantes possuem cada vez direitos e deveres bem definidos; o próprio monarca, que comanda os seus súditos de modo absoluto, não pode infringir as regras que editou ou com as quais concordou." [46]

Por fim, o grande Cisma, de 1378 a 1417, que divide a Cristandade entre um papa em Roma e um em Avinhão, faz eclodir o denominado movimento conciliar e vem minar definitivamente as bases do poder clerical, oportunizando o surgimento de um pensamento mais mundano e próximo da realidade terrena. Daqui, provêm os acordos bilaterais firmados entre a Igreja e os Estados Nacionais, reconhecendo a primeira a soberania dos últimos, fazendo com que se institua, gradativamente, uma sociedade de homens que já se movimentam com suas próprias pernas, independentemente do auxílio de Deus.

Importa frisar, por oportuno, que, enquanto a Inglaterra pauta seu governo por uma monarquia hereditária regulada pela tradição legislativa, essencialmente costumeira e superior à vontade particular do Rei, a França tem seu governo caracterizado pela exteriorização do livre arbítrio do Rei, em forma de Lei.

Bem ou mal, a Europa deste período vai conhecer a formação de um Estado-nação, necessariamente monárquico, atingindo seu apogeu na época de Luís XIV e

---

[46] *O Estado Moderno.* Pierangelo Schiera. *in* Curso de Introdução à Ciência Política. UNB, p. 80.

Bossuet. É o período do Renascimento, retornando à Antiguidade, rompendo com o Dogmatismo em favor da crítica lúcida e científica; substitui a fé pela razão e torna o homem o centro das preocupações existenciais, a despeito de pretender indiscutível a autoridade real e manter alguns velhos resquícios feudais. Aqui, a figura do Estado confunde-se com a pessoa do Rei, e sua função é muito mais política e de manipulação dos interesses do soberano do que em relação a qualquer outra situação.

2. A Europa do século XVI

Podemos afirmar que o século XVI é precedido de uma série de fatos e acontecimentos históricos que remontam aos séculos XIII, XIV e XV, bem como a influência cultural bizantina e muçulmana, somada ao desenvolvimento dos estudos universitários.

De outro lado, os movimentos da Revolução Comercial e o Mercantilismo têm definitiva influência na delimitação do tipo de sociedade e de homem burguês da Idade Moderna. Isto porque a economia Européia transforma-se drasticamente a partir do século XV, como decorrência do considerável desenvolvimento comercial da segunda parte de Idade Média e das descobertas do Novo Mundo (América por Colombo, e a rota das Índias por Vasco da Gama), o que faz ser instaurada uma série de medidas de ordem econômica e política, com que os reis procuram aumentar o absolutismo monárquico, resultando um período em que o governo monárquico controla todos os ramos da atividade econômica e neles interfere, participando, muitas vezes diretamente, dos empreendimentos comerciais.

Esta postura do Estado Monárquico não agrada um amplo setor da economia que pretende tão-somente ver garantidas suas liberdades de comerciar sem ter que repartir seus vencimentos ou lucros com o setor público. Assim, os séculos XVI e XVII vêem-se marcados pelo surgimento de um movimento cultural que a história denominou de Renascimento, na tentativa de se romper com valores e tradições do passado, bem como de criar uma nova postura que identifique a classe burguesa emergente e torne sua proposta existencial atrativa a todos.

No Renascimento, encontra-se um pensar crítico que resgata a dimensão do homem a partir da natureza, produzindo, como não podia deixar de ser, um sensível progresso na ciência, motivando o surgimento da fase da pesquisa, contestação e experimentação, prova disso é o surgimento da mecânica celeste de Kepler (1571-1630); o heliocentrismo de Copérnico (1473-1543) e sua comprovação por Galilei (1564-1642).

O Renascimento, além de começar com uma revivificação quase fanática da cultura clássica e terminar em anticlassicismo e no triunfo do Movimento Romântico, para alguns autores como Skinner,[47] remonta o anseio das cidades-Estado italianas, no século XII, por se libertarem do imperador e do papa o que requer uma nova doutrina da liberdade. Um povo livre decide seu destino em assembléias, nas quais a oratória é fundamental: daí a importância da retórica, na lenta recuperação dos clássicos da Antiguidade.

Este presente, com diferentes tonalidades na Europa, está a exigir, pois, mudanças radicais na vida e no cotidiano dos cidadãos europeus. Em outras palavras, a construção da idéia de *poder* medieval, fundada sobre a dupla autoridade do Papa no espiritural e do Imperador no temporal, desaba definitivamente, dando lugar à

---

[47] Na obra *As Fundações do Pensamento Político Moderno.* trad. de Renato Janine Ribeiro e Laura Teixeira Motta. São Paulo, Companhia das Letras, 1996, 728 páginas.

profanização da filosofia, rompendo dessa forma com a escolástica, doutrina oficial da Igreja católica.

O homem renascentista caracterizar-se-á por possuir:

"exigência crítica e livre exame, ávido de atacar todos os dogmas, de rasgar todas as escolásticas; o orgulho humano prestes a afrontar a Divindade, a opor, ao Deus criador do homem, o homem autosuficiente, o homem tornando-se Deus para o homem, exercendo seu próprio poder criador sobre uma natureza doravante libertada de raízes religiosas, restituída ao paganismo. A era das técnicas, a serviço do homem e de sua ação, substitui a era medieval, da contemplação, orientada e dominada por Deus."[48]

Soma-se a tudo isto a Reforma Protestante, que, em nome da verdadeira "religião", desfecha contra o papado o ataque decisivo que cindirá a cristandade em duas partes: as guerras civis e as guerras político-religiosas, que se tornam extremamente ásperas na França, durante a segunda metade do século XVI, tal como na Inglaterra, ao longo da primeira metade do século seguinte.

Aqui, o homem não é mais visto como criatura, portanto, na sua relação para com o Absoluto. Ele é visto como criador, ante a natureza, na qual se encontra; dela se distingue, enquanto racionalidade; sobre ela deve atuar, celebrando assim a sua liberdade. O homem se liberta de um enfoque que lhe impunha valores como a admiração, a adoração, a obediência, o respeito e o desapego. Novos valores surgem: individualidade, liberdade, criatividade, participação e enriquecimento.

Outra característica do período que se pode apontar é a aderência do humanismo renascentista ao natural, como reação também ao sobrenaturalismo medieval. Os

---

[48] Chevalier, Jean-Jacques. *As Grandes Obras Políticas de Maquiavel a Nossos Dias*. Rio de Janeiro, Agir, 1982, p. 18.

humanistas redescobrem a beleza da natureza, do corpo e da terra. O mundo, feito na medida da teologia medieval e segundo concepções filosóficas acanhadas, deve emancipar-se, para dar origem a concepções ainda um tanto inconsistentes, mas grandiosas e emancipadoras.

A natureza não vai mais ser considerada como objeto de medo e de contemplação, mas como campo de estudo e de atuação do homem, convidado a aperfeiçoá-la; e, mediante esse trabalho, convidado a aperfeiçoar a si mesmo. Novos métodos de abordagem da natureza, mais empíricos e precisos, surgem no cenário europeu, como o de Francis Bacon e Galileu Galilei. Aliás,

> "foi Galileu quem introduziu um corte epistemológico na história do pensamento ocidental. Foi ele quem rompeu com todo o sistema de representação do mundo antigo e do mundo medieval. Com ele, o pensamento rompeu com a Renascença. De forma alguma se mostra interessado pela variedade das coisas. Aquilo que o fascina é a idéia da física matemática, da redução do real ao geométrico."[49]

Sobre a origem e o governo da sociedade, ocorre também uma profunda renovação, pois, enquanto na Idade Média vigoravam concepções sacrais e teológicas, na Moderna elaboram-se teorias baseadas no instinto, na racionalidade, na lei natural, na liberdade do homem, oportunidade em que surgem as contribuições de Thomas Morus e Campanella. Articulam-se doutrinas políticas, embazadas em princípios históricos e experimentais, em oposição aos princípios da metafísica, com Machiavelli, Bodin e Grócio.

---

[49] Japiassu, Hilton. *Nascimento e Morte das Ciências Humanas*. Rio de Janeiro, Francisco Alves, 1982, p. 26.

3. A concepção de mundo e de homem: o conhecimento científico como paradigma da nova ordem

Durante o século XIV, as direções por onde se ensaiam novas perspectivas culturais são variadas, e até contraditórias. Porém, a despeito dessa variedade, dois enfoques vão-se impondo e marcarão a perspectiva cultural dos séculos seguintes: o racionalismo e o empirismo.

O ponto nevrálgico que ambos enfrentarão e que levará à investigação é aquele que diz respeito ao fundamento último do conhecimento humano: o que é que garante a certeza e a objetividade do mesmo?

Enquanto os racionalistas acreditam em uma existência de essências e de verdades puras, intuídas pela inteligência humana, e que formam o suporte de todo o conhecimento válido, inauguram o pressuposto de que a própria experiência só adquire sentido à luz desse mundo ideal.

Por outro lado, os empiristas negam a existência desse mundo, asseverando que o que existe de real é, exclusivamente, o mundo dos fatos, os fenômenos. Tais fatos é que formam o suporte e o limite de todo o conhecimento. A função da razão é a de simplesmente descobrir neles a inteligibilidade das coisas, deixando de lado a idéia da existência de um mundo inteligível transcendente.

A verdade é que tanto o racionalismo como o empirismo possuem o mesmo projeto: oportunizar ao homem outros instrumentais de organização e compreensão de sua vida, que não os até então sustentados pela teologia jungida à Escolástica. Isto significa, em outras palavras, dar à razão a tarefa de fundamentar os novos valores da Idade Moderna.

A afirmação racionalista de que o homem pode chegar, pela razão, a verdades de valor absoluto, vai de encontro ao tipo de conhecimento que se tinha à época. Tal defesa significa denunciar que esse homem não está limitado ao conhecimento dos fatos, mas conhece também o nexo necessário, a razão que constitui a essência dos mesmos; e conhece a relação essencial entre eles. Tal conhecimento se dá, ou por meio de uma intuição pura, que prescinde até dos próprios fatos, ou por uma intuição abstrativa, que, a partir deles, os ultrapassa. Em ambos os casos, está a se demonstrar que a força da razão vai além do simples testemunho dos sentidos e atinge as condições transcedentais do mundo empírico.

Esta postura racionalista tem implicações éticas e políticas bastante sérias, pois, ao atestarem seus defensores que é possível se conhecer a essência de algo que está acima dos fatos e dos sentidos, instauram fundamento sólido para os discursos morais e políticos. Assim, será moral o que for congruente com a essência do homem, ou decorrente da mesma, e a boa ordem política vai depender do conhecimento dessa realidade ultra-sensível.

Interessa sopesar aquelas reflexões políticas e filosóficas que irão influenciar Machiavelli, *i.é.*, a contribuição dos empiristas. Para estes, o conhecimento humano não tem caráter absoluto. Isso significa que o homem jamais pode atingir a verdade, de maneira definitiva, pois o conhecimento humano enraíza-se nos fatos, e, por mais que o homem observe suas relações, não conseguirá descobrir nelas necessidades. É nesses fatos que o homem renascentista vai sacar alguma inteligibilidade. Essa nova posição metodológica cria espaços mais amplos para o surgir e o firmar-se de um novo tipo de saber, ao qual se dá o nome de ciência experimental.

A partir daqui, os discursos ético e político terão de procurar outros fundamentos, eis que inexistem transcendências a serem invocadas, mas fatos a serem questionados, interpretados e erigidos como fundadores de racionalidades históricas concretas, sobre os quais se elevam os valores humanos.

Para avaliar a contribuição de Machiavelli à teoria do Estado, mister é que se verifique o contexto em que se encontrava, agora mais político e econômico do que filosófico.

Antes mesmo do período de Machiavelli, a Itália atravessa uma difícil situação, vivendo uma fase de decadência política a península. Os novos Estados nacionais têm surgido no resto da Europa Ocidental, e as soberanias locais vão sendo absorvidas pelas monarquias fortes e centralizadas. É a força de um regime com feições capitalistas em ascensão e, já a partir do século XIII, os príncipes começam a enfeixar em suas mãos maiores somas de poderes.

Enquanto a França, a Inglaterra e a Espanha sabem controlar as tendências libertárias desse tempo, instalando a unificação administrativa e política, na Itália, o *guelfismo popolare* quebra o domínio do Sacro Império Romano, tornando independente as cidades do setentrião e do centro, pela força do novo espírito demoliberal de sua burguesia, tornando-se impossível centralizar aquelas unidades emancipadas para reuni-las em um grande e só Estado. Permanecem desunidas, esfaceladas em pequenas cidades-Estados, dominadas por uma aristocracia ambiciosa.

"Conglomerado de pequenos Estados rivais, a península cuja posse assegurava o domínio do Mediterrâneo e dos empórios comerciais com o Oriente, apresentava-se como presa fácil à monarquia francesa. Depois do tratado de Lodi que pôs termo à guerra de Milão e Florença contra Veneza (1453), tornara-se impossível a unificação sob a hegemonia de qualquer dos três mais importantes Estados italianos. O Papa, a Alemanha, a França e a Espanha disputavam a supremacia política na península."[50]

---

[50] Pereira, Joacil de Brito. *Idealismo e Realismo na Obra de Maquiavel.* Brasília, Horizonte, 1981. p. 60.

De início, nessa colcha de retalhos que é a Itália desunida, partilhada, conserva-se a forma democrática de Estado e uma certa liberdade política. Mas, pouco a pouco, essa liberdade se extingue, sucumbindo a democracia. A política passa a um plano de mera estratégia de sobrevivência, o que faz o país ser tomado por lutas estéreis.

Machiavelli irá advertir que a causa pela qual a Itália não encontra mais a mesma situação democrática em que vivera é unicamente a Igreja que, tendo possuído e gozado o governo temporal, não tem bastante poder nem bastante coragem para apoderar-se do resto da Itália e tornar-se soberana. Por outro lado, ela nunca foi bastante fraca para não ter podido, com receio de perder sua autoridade temporal, chamar em seu auxílio algum príncipe que a viesse defender contra aquele que se tivesse tornado temível ao resto da Itália.

> "Non essendo adunque stata la Chiesa potente da potere occupare la Italia, né avendo permesso che um altro la occupi, è stata cagione che la non è potuta venire sotto uno capo, ma è stata sotto piú principi e signori, da' quali è nata tanta disunione e tanta debolezza che la si è condotta a essere stata preda, non solamente de' barbari potenti, ma di qualunque l'assalta."[51]

4. Nicóllo Machiavelli

Machiavelli nasceu em Florença, Itália, em 03 de maio de 1469, local onde morreu, em 22 de junho de 1527, esquecido, desprezado e nas circunstâncias mais precárias de necessidade e pobreza.

---

[51] Machiavelli, Niccóllo. *Il Princepe e Discorsi.* Milano, Universale Economica Feltrinelli, 1981, p. 166.

Descendente de uma tradicional família da Toscana, o pai, Bernardo Machiavelli, foi jurisconsulto e Tesoureiro da Marca de Ancona; sua mãe, Bartolomea Nelli, provinha de um ilustre e antigo clã florentino. A despeito de as origens familiares serem antigas (os troncos remontavam ao século XII), isso não significava riqueza, pois ambas eram relativamente pobres. Pertenciam ao patriciado da cidade, que era de formação democrática, e integravam as hostes do partido guélfico.

Insuflado pelo pai, Machiavelli também recebeu formação jurídica, deste herdando a paixão pelas coisas públicas, o que o fez assimilar desde cedo as técnicas da Administração Pública e também o levando a adquirir uma significativa cultura humanística, mediada pela leitura dos antigos historiadores, como Políbio, dada a inclinação do ambiente em que vivia. É de se registrar, por oportuno, que Machiavelli, em 1494, trabalhou como copista de Marcello Virgilio Adriani, afamado professor de literatura grega e latina.

Nesse período, sofrendo com o exílio das atividades públicas para que vivia, Machiavelli escreve suas principais obras políticas: *O Príncipe* e *os Discursos*.

5. O Príncipe e a questão do Estado e do Governo

É interessante registrar, por oportuno, que Machiavelli, desde abril até o verão de 1513, mantém uma correspondência com Francesco Vettori, embaixador de Florença junto à Santa Sé. Essas cartas constituem, na verdade, uma longa série de análises minuciosas dos dados da política do momento e de sugestões que ele espera que cheguem aos ouvidos dos Medicis e os levem a conceder favores que ele continua a solicitar em todas as oportunidades. O livro *O Príncipe* surge, exatamente, como síntese destas anotações, pretendendo homenagear Juliano de Medici e partindo de uma atenta observação da atualidade política da época, retirando dessa realidade empírica os elementos a suas conclusões.

Porém, em outro texto de Machiavelli, *o livro das repúblicas*, desaparecido, o autor traz uma verdadeira apologia às Repúblicas e, para reconquistar seu espaço como funcionário público, no *Príncipe*, defende o Principado absoluto, para, em seguida, nos *Discursos*, paradoxalmente, fazer uma reafirmação das convicções republicanas que sempre o perseguem.

O capítulo IX do *Príncipe* quer convencer que uma vida republicana se torna impossível no estado de corrupção em que se encontra Florença, e que não existe outra saída a não ser um regime autoritário, o único capaz de criar na cidade os fundamentos de uma nova ordem civil.

Na opinião de alguns autores, a quem nos filiamos, o Príncipe não pode aparecer como um fim em si mesmo, mas tão-somente um instrumento, pelo qual renasce ou mesmo surge um Estado num país até então sem instituições ou detentor de instituições corrompidas, i.e., uma etapa intermediária entre uma Nação completamente perdida em nível de governo e administração e um Estado Republicano (o preferido de Machiavelli). As qualidades desse Príncipe se fundariam na *virtù* e na *fortuna*, fatores eminentemente empíricos e contingenciais. A primeira característica é a da energia, decisão e capacidade para fazer valer um objetivo estabelecido, sem entretanto atrelar-se ao sentido cristão e metafísico da virtude (*virtus*), que pressupõe compromisso ético e religioso em vista de um fim sobrenatural; a segunda tem o significado de oportunidade, momento propício que tem o Príncipe para tomar suas decisões com eficácia e com a certeza do êxito.

Enquanto referencial teórico, Machiavelli parece não ter optado por qualquer escola filosófica ou política específica, decidindo tão-somente utilizar sua arguta observação e desenvolvida psicologia humana, própria do diplomata que foi, o que nos podem demonstrar os freqüentes exemplos históricos mencionados nos 26 capítulos do livro, bem como as referências a episódios por ele presenciados na Europa de então. Nesse sentido, a posição de Chevallier:

> "Maquiavel não parte de um sistema filosófico, como fará Hobbes, para explicar a natureza do homem. Incrédulo, ele não se baseia no pecado original e no dogma da natureza decaída."[52]

No final do século XVI, conforme as informações colhidas por Claude Rousseau (1973), a idéia que a obra de Machiavelli passa é a de que há um fomento na atividade política à utilização nos negócios públicos de argúcia e má-fé. Entretanto, apesar de o absolutismo ter tratado com mais indulgência o autor, utilizando os ensinamentos por ele propalados, pessoas como Richelieu, Bonaparte e Mezarinno, autores da estirpe de Spinozza (1973) e J. J. Rousseau, entendem que Machiavelli era um homem suficientententemente inteligente para não sugerir que a sociedade criasse ou oportunizasse o surgimento de um Príncipe tão tirânico, mas, ao contrário,

> "[...] desejou mostrar quanto a população se deve defender de entregar o seu bem-estar a um único homem que, se não é fútil ao ponto de se julgar capaz de agradar a todos, deverá constantemente recear qualquer conspiração e, por isso, vê-se obrigado a preocupar-se sobretudo consigo próprio e, assim, a enganar a população em vez de a salvaguardar."[53]

Em razão da extensão de especulações feitas pelo autor, é tarefa impossível, ao menos nos limites deste

---

[52] Chevalier, Jean-Jacques. *História do Pensamento Político*. Tomo I. Rio de Janeiro, Guanabara, 1982, p. 266.

[53] Spinoza, Baruch. *Tratado Político*. Coleção Os Pensadores. São Paulo, Victor Civita, 1973, p. 124.

livro, pretender enfrentar todos os capítulos do texto. Assim, o capítulo IX de *O Príncipe* é o primeiro escolhido para se tecerem algumas considerações, sempre levando em conta todo o histórico até aqui debatido, e, principalmente, as últimas considerações levadas a cabo pela corrente de pensadores que defendem a intenção de educar a população sobre a forma perigosa de fazer política que um Príncipe poderia realizar.

Machiavelli inicia o capítulo conceituando o que para ele significa Principado Civil, *i.e.*, quando um cidadão, por favor de seus concidadãos, se torna Príncipe de sua pátria. Em seguida, afirma que há dois caminhos para se chegar a este tipo de principado: ou pelo favor do povo, ou pelo favor dos poderosos.

A verdade textual, entretanto, é que o pensador, astuto observador do contexto político em que vive, está convencido de que:

> "[...] o povo não deseja ser governado nem oprimido pelos grandes, e estes desejam governar e oprimir o povo. [...]. O povo também, vendo que não pode resistir aos grandes, dá reputação a um cidadão e o elege príncipe para estar defendido com a sua autoridade."[54]

Em seguida, é taxativo ao dizer que não se pode satisfazer aos grandes sem injúrias para os outros, enquanto o povo pode ser satisfeito, eis que seus objetivos são mais honestos que os dos poderosos; aqueles querem oprimir, e estes não desejam ser oprimidos.

A partir de Machiavelli, o Estado Nacional e Soberano que irá se formar, depois de ter abalado a tutela imperial, feudal e pontífice, em seguida poderá se emancipar da tutela do direito natural, da justiça, da moral corrente, tão-somente válida para os indivíduos.

---

[54] Maquiavel, Nicolau. *Escritos Políticos*, Coleção os Pensadores. São Paulo, Victor Civita, 1983, p. XI.

E esta parece ser uma das mais festejadas contribuições do autor à teoria política moderna, *i.e.*, estabelecer uma ruptura entre o exercício do governo e as pautas morais de comportamento e condutas, tão preconizadas e perquiridas pela Igreja medieval.

> "Se o Secretário florentino imprimiu uma marca tão profunda, tão indelével, na ciência e na arte do poder, foi por ter proclamado com tanta força tranqüila a separação radical entre a política e a moral corrente, entre a autonomia da política e sua prioridade: a política em primeiro lugar."[55]

Esta política é algo de extremamente prático, operacional, oportunizando ao governante o exercício de um ofício muito bem delimitado tecnicamente, tudo para atingir as finalidades indicadas como bom governo. Ocorre que:

> "[...] tras casi todo lo que dijo Maquiavelo acerca de política práctica estaba el supuesto de que la naturaleza humana es esencialmente egoista, y de que los motivos reales en los que tiene que apoyarse un estadista, tales como el deseo de seguridad da las masas y el deseo de poder de los gobernantes, son de ese carácter."[56]

Machiavelli cria o modelo de governante bem-sucedido, ou o *homo politicus*: um modelo teórico calcado na realidade por ele vivida, e baseado no comportamento efetivo dos homens, e não na norma ou no ideal. O Estado ou o principado desse Príncipe deve ter boas leis e boas armas.

É óbvio que o autor está falando da sociedade européia do século XVI, portanto, acompanhando as lutas intestinais por conquistas territoriais e de merca-

---

[55] Chevalier, Jean-Jacques. *História do Pensamento Político*. Tomo I, op. cit., p. 265.

[56] Sabine, George H. *Historia de la Teoría Política*. México, Fondo de Cultura Económica, 1992, p. 257.

dos, o que revela o tipo de cultura e pensamento burguês existente. O governo, se quer ser forte e duradouro, deve cuidar para que determinadas instituições e prerrogativas sejam preservadas, como a propriedade privada, o cumprimento dos contratos, através da mediação do ordenamento jurídico.

Mais clara ainda a posição do autor nos *Discorsi:*

> "La natura ha creato gli uomini in modo che possono desiderari ogni cosa e non possono conseguiri ogni cosa: talché essendo sempre maggiore il desiderio che la potenza delo acquistare, ne resulta la mala contenzza de questo nasce il variare dela fortuna loro, perché desiderando gli uomini, parte de avere piú, parte temendo di guerra, dalla quale nasce la rovina di quella provincia e la esaltacione di quell'altra."[57]

Desta forma, só o Estado positivo e mundano tem condições de frear as paixões que, entregues a si mesmas, levam a comunidade ao colapso[58]. Essa positividade só pode se dar pela jurisdicização do cotidiano do cidadão, tendo regulada e controlada sua conduta e comportamento, nesse momento para preservar as diferenças sociais gritantes entre o *popolo grasso* - os grandes burgueses italianos - e o *popolo minuto* - os pobres e assalariados, e para consolidar um romântico discurso de unificação nacional. O próprio cidadão da Idade Moderna tem uma formação e uma moral diferenciada do medievo, uma moral mundada, que se constitui nas relações sociais e econômicas de um mercado e de uma classe em ascensão.

> "Numa sociedade dilacerada por poderosos conflitos, o controle que o Príncipe possa ter sobre ela

---

[57] Machiavelli, Niccòlo. *Il Princepe e Discorsi,* op. cit, p. 215.

[58] "A lei intervém para reprimir e combater esta má natureza dos homens, obrigando-os a conciliar o interesse individual com o coletivo". *Idealismo e realismo na obra de Maquiavel,* op. cit., p. 95.

depende de seu conhecimento, das relações das forças que a atravessam impedindo seu crescimento exagerado num grupo ou acentuando maior poder àqueles que, por não terem nenhum, possam revoltar-se de modo catastrófico. Há limites para o sofrimento e a miséria do povo, um Príncipe que os desconhece, estará abrindo espaço para sua própria desestabilização."[59]

Em outras palavras, o Príncipe utiliza racionalmente a violência e o temor dela para articular seu projeto de poder, intimidando ora de forma direta ora de forma velada qualquer tipo de reação ou contrariedade ao governo; sua tarefa é manter a qualquer preço ou meio a hegemonia do instituído. O instrumento mais adequado para legitimar o poder antes natural do Príncipe agora é a lei e, na república, essa instituição produz dois efeitos úteis: os cidadãos, por medo de serem acusados, nada tentam contra o Estado, e, se o fazem, são rapidamente punidos; criam-se canais para a mediação dos conflitos que surgem na cidade.

Bem ou mal, a obra de Machiavelli é amplamante debatida na história política do Ocidente, recebendo críticas e louvores tanto de regimes e experiências autoritárias, sob a ótica da política desprovida de moral e baseada em astúcia e má-fé[60], como de modelos liberais e sociais, principalmente a partir do Iluminismo, na medida em que o autor florentino elogia as repúblicas onde o povo, associado ao governo, não é súdito de ninguém.

No capítulo quinto dos *Discursos da Primeira Década de Tito Lívio*, Machiavelli aponta a melhor forma de organização de uma república: a Constituição, forjada pelos legisladores. Entretanto, mesmo aí, quando pre-

---

[59] Hebeche, Luiz A. *A Guerra de Maquiavel*. Ijuí, Unijuí, 1988, p. 93.

[60] Richelieu (1585-1642) e Mazarino (1602-1661). Nesse sentido a obra de Rousseau, Claude. *Le Prince - Analyse critique*. Paris, Haitier, 1983.

tende avaliar qual das melhores formas de república, se a aristocrática (Espartana e Veneziana), que confiam a guarda da liberdade à nobreza, ou a democrática, que a confia ao povo, revela sua veia conservadora, buscando um modelo eclético centrado na tese de que a longevidade de uma constituição e de um Estado depende da estabilidade da classe dominante, e que a nobreza se comporta melhor quando não se sente ameaçada pelo povo[61].

A jurisdicização da cidade e do Estado, como tão bem já demonstrara a história romana - novamente retomada por Machiavelli no capítulo nono dos *Discursos* - surge como uma síntese dos conflitos de interesses da sociedade italiana, fragmentada e exposta aos embates políticos de atores sociais por demais desigualizados[62].

---

[61] É preciso registrar, aqui, que há autores, como Newton Bignotto, na obra *Maquiavel Republicano*, que sustentam ter o autor florentino, nos *Discursos*, optado pelo modelo da república democrática, em razão da tese que desenvolve no quinto capítulo do livro: o povo, apesar de causar perturbações na cidade, tem um desejo mais verdadeiro de salvaguardar a liberdade do que os nobres que desejam sempre conquistar novas posições na pólis.

[62] O texto de Gramsci, Antonio. *Maquiavel, a Política e o Estado Moderno*. Rio de Janeiro, Civilização Brasileira, 1984, trata de forma crítica a matéria.

Capítulo III

A concepção de mundo e de homem nas obras de Thomas Hobbes e John Locke

1. Contextualização histórica do período de Hobbes

O período histórico em que nasce Thomas Hobbes e em que vive na Inglaterra tem uma influência definitiva na conformação de seu pensamento. Tanto no que tange à delimitação teórica de seus postulados filosóficos, como no que diz respeito ao desenvolvimento político que deu a eles.

Thomas Hobbes nasce na Inglaterra de 1588, num momento em que a frota espanhola atraca nas costas de seu país, tudo em razão do processo de desenvolvimento da revolução comercial e da insurgência do próprio mercantilismo, em nome da conquista de novos territórios e mercados.

Privilegiado na educação, Hobbes tem oportunidade de estudar nos melhores colégios da Inglaterra e privar de companhias que lhe engrandecem os conhecimentos da cultura clássica, bem como no campo das línguas. Sempre mais próximo dos conhecimentos exatos e científicos da época, Hobbes aproxima-se da lógica, física, geometria e retórica, afastando-se, por outro lado, dos ensinamentos da escolástica tão decantados por Oxford, onde cursa o ensino.

TEORIA DO ESTADO
Cidadania e poder político na modernidade

Aproveitando-se das facilidades para viajar e realizar investigações teóricas, o autor priva da companhia de Francis Bacon (de quem é secretário entre 1621 e 1626), René Descartes e Galileu Galilei. É neste período que elabora o arcabouço teórico que irá definir suas principais construções teóricas.

A Inglaterra em 1640 está na iminência de sofrer um levante de cunho liberal, cuja base de sustentação material são, significativamente, quadros de comerciantes burgueses que pretendem contextar o poder, combinado com as dissensões religiosas entre protestantes e católicos e a intromissão político-administrativa da Coroa. Hobbes, preocupado com a já fragmentada unidade do Reino e as ameaças constantes à soberania do governo, coloca-se ao lado do Rei Carlos I, buscando inspiração para produzir uma significativa obra política, a saber, *Elementos da Lei Natural e Política*, publicada tão-somente em 1650, na forma de dois tratados: *Natureza Humana* e *Sobre o Corpo Político*.

Diante de tal manifestação, Hobbes se vê obrigado a refugiar-se em Paris da reação dos revoltosos, lá confeccionando uma das mais importantes bases à sua produção literária: *Sobre o Cidadão* (1642).

Uma outra obra fundamental, publicada em 1651, em Londres, *O Leviathã*, alterou a situação de estabilidade de Hobbes em Paris, em razão de suas posições frente à religião e à política, forçando-o a retornar para a Inglaterra, em pleno governo de Cromwell.

Estas duas obras: *O Leviathã* e *Sobre o Cidadão*, vão nos dar os elementos necessários à avaliação da contribuição do pensamento do autor à teoria política que irá, em seguida, ensejar a configuração do Estado, na figura de um Soberano.

De outro lado, saber que Hobbes manteve contatos e, por conseqüência, teve influência do empirismo de Bacon e do Racionalismo de Descartes, auxilia a compreender que, "apesar de deduzir sua ciência política de conceitos e definições, esses conceitos correspondem para ele aos fatos da natureza humana;"[63], o que autoriza afirmar ter o autor desenvolvido seu próprio projeto de investigação e escrituração da história com a definição prévia das categorias que utilizou.

O método de trabalho racionalista-empirista do autor parte da natureza humana, percorre um trajeto onde o real é reduzido a elementos simples (a fim de que se possa utilizá-los numa dedução capaz de recompor as realidades concretas) e retorna à natureza. Em seu seguimento, o autor pretende traçar um conceito ou lugar do homem junto ao seus semelhantes e ao mundo que o cerca.

2. O Estado de natureza em Hobbes

Falar em estado de natureza em Hobbes não é tarefa das mais simples. Primeiro, porque é imprescindível o dimensionamento do que fala o autor a partir das características sociais de seu tempo; segundo, porque tal contextualização passa, necessariamente, pela aceitação da existência de uma economia de mercado que vige na Inglaterra do século XVII, e que gera e evidencia conflitos de classes sociais .

Hobbes tem ciência desta situação, como bem evidencia Macpherson:

> "Hobbes não era tão cego a ponto de não perceber o fato de que havia uma divisão de classes na Inglaterra, como se torna evidente nos seus comentários em Behemoth."[64]

Assim, resta a conclusão de que o pensador não vai buscar subsídios na metafísica dos costumes ou mesmo no patrimônio cultural passado da civilização ocidental

---

[63] Hobbes. *Os Pensadores*. vol. 1 São Paulo, Nova Cultural, 1988, p. X.

[64] Macpherson, C. B. *A Teoria Política do Individualismo Possessivo*. Rio de Janeiro, Paz e Terra, 1979, p. 103.

para alinhar os postulados de seu discurso; mas, ao contrário, falará de um lugar muito bem definido e presente à sua história.

De qualquer forma, Hobbes parte da assertiva de que, antes da formação da sociedade política organizada, existia uma situação de caos e desordem entre os homens, inviabilizando a própria existência, o que o afasta dos teóricos que até então garantiam que o homem sempre se caracterizou por ser um animal político e sociável por natureza.

No *Sobre o Cidadão*, encontramos a justificativa da posição do autor:

> "Por causa de nossa natureza, não buscamos a sociedade por si mesma; o que queremos é receber dela honras e vantagens; estas em primeiro lugar, aquelas, depois."[65]

O ponto de partida da ação humana, moral e política é o esforço ou empenho (movimento), considerando o autor a vida como sendo uma corrida na qual é preciso vencer sempre; começa com um esforço inicial, que é a sensação, o desejo; estar continuamente ultrapassado corresponderia à miséria; e ultrapassar quem está adiante de nós corresponderia à felicidade. Esta representação corresponde a um tipo de homem que pode ser identificado com o burguês que está buscando a ascendência social e econômica.

> "Para todo o homem, outro homem é um concorrente, como ele, ávido de poder sob todas as suas formas. [...]. Concorrência, desconfiança recíproca, avidez de glória ou de fama têm por resultado a guerra perpétua de cada um contra cada um, de todos contra todos."[66]

---

[65] Hobbes, Thomas. *De Cive. Elementos filosóficos a respeito do cidadão*. Rio de Janeiro, Vozes, 1993, p. 50.

[66] Chevallier, Jean-Jacques. *As Grandes Obras Políticas de Maquiavel a Nossos Dias*. Rio de Janeiro, Agir, 1982, p. 69.

A natureza humana, tão perniciosa ao próprio homem, é pintada por Hobbes com muito detalhismo, lembrando o autor que:

"Entre os homens, se for para realizar tarefa comum, nasce uma certa amizade formal que tem em si mais de ciúme do que de amor; [...] se alguém relatar um fato notável, os outros relatam também os milagres que fizeram, ou, se não fizeram, os inventam. [...]. Toda sociedade, portanto, é forjada pela força do útil ou pelo estímulo da honra, isto é, por amor a si e não aos sócios e componentes."[67].

Não bastassem estes indícios claros de que a sociedade analisada como estado de natureza é aquela tomada por uma nova classe social que deseja ardorosamente o poder político como forma de alcançar suas finalidades utilitário-econômicas, Hobbes ainda nos agracia com a assertiva de que a causa mais freqüente que leva os homens à recíproca guerra é o fato de que muitos têm, ao mesmo tempo, o desejo sobre a mesma coisa, quando, geralmente, não a podem consumir em comum e tampouco repartir.

Para o homem natural de Hobbes, existe um fator psicológico fundante que direciona sua vida e os caminhos que trilha, a saber, toda a sensação afeta à vitalidade do ser humano, de modo favorável ou adverso, causando ameaça ou não a sua integridade e desempenho físico-material. Portanto, dessume o autor uma norma implícita por detrás de toda conduta, a qual informa que o corpo vivo trata instintivamente de conservar ou aumentar sua vitalidade, ou seja, é a própria conservação da espécie biológica do indivíduo que se responsabiliza por estas condutas e seus efeitos. A partir daí, entende por *bem* tudo aquilo que assegura a conservação e, por *mal*, aquilo que a coloca em risco.

---

[67] *De Cive*, op. cit., p. 52 e 53.

Mister é que se ateste com Bobbio[68] que, enquanto no *Sobre o Cidadão* o pensador apresenta algumas condições objetivas de indissociabilidade do estado natural[69], no *Leviathã*, Hobbes sustenta a existência de três causas principais de luta entre os homens, aprofundando melhor as conclusões empíricas de seu discurso, a saber: a competição que os homens travam entre si pelo ganho; a desconfiança que os faz lutar pela segurança; a glória que os faz combater pela reputação.

"De esta exposición de los motivos humanos se sigue como cosa natural la descripción del estado del hombre fuera de la sociedad. Todo ser humano está movido únicamente por consideraciones que afectan a su propia seguridad o poder y los demás seres humanos le importan sólo en la medida en que afectan a esas consideraciones. Igualmente no hay justicia ni injusticia, derecho ni ilegalidad, ya que la norma de la vida consiste en que sólo pertenece a cada uno lo que puede tomar y sólo en tanto que puede conservarlo."[70]

A despeito do ponderado, interessa observar como se dá em Hobbes a contemplação das perspectivas de sociabilidade diante do estado de natureza. Em face deste problema ou questionamento, o pensador argumenta que existem dois princípios básicos na natureza humana: o desejo e a razão. O primeiro impulsiona os homens a tomar para si o que outros homens desejam e, assim, os colocam em linha de colisão; a razão, por sua vez, institui um poder regulador, de previsão, mediante o qual a busca de segurança se faz mais eficaz, sem deixar de seguir a norma da própria conservação. Aqui,

---

[68] Bobbio, Norberto. *Thomas Hobbes*. Rio de Janeiro, Campus, 1991, p. 35.

[69] Igualdade de fato; escassez dos bens; o direito de cada um sobre todas as coisas (o que gera a guerra).

[70] Sabine, George H. *Historia de la Teoría Política*. México, Fondo de Cultura Económica, 1992, p. 343.

entretanto, o pensador não consegue explicar, convincentemente, como o homem natural, tão bárbaro e irracional, chega a padrões de inteligibilidade e bom-senso capazes de fundar, num momento mágico de lucidez, a sociedade política.

Enfim, esta razão redentora parece chegar ao homem - ou é conquistada por ele - através de regras prudenciais, de normas hipotéticas, fruto de faculdades de puro raciocínio (cálculo), mediante o qual, dadas certas premissas, extraem-se certas conclusões. A estas regras, Hobbes chama Leis Naturais:

> "Todos os autores estão de acordo em que a lei natural é a mesma lei moral. As leis que chamamos de leis de natureza nada mais são do que certas conclusões, que a razão conhece, sobre o que se deve fazer ou deixar de fazer."[71]

Ou, em outras palavras:

> "Uma lei de natureza (*lex naturalis*) é um preceito ou regra geral, estabelecido pela razão, mediante o qual se proíbe a um homem fazer tudo o que possa destruir sua vida ou privá-lo dos meios necessários para preservá-la, ou omitir aquilo que pense poder contribuir melhor para preservá-la."[72]

O fazer ou deixar de fazer diz respeito, sem sombra de dúvidas, àquelas atividades tão caras à ordem social e política, necessárias à civilização, onde a paz, postulado fundante à conservação da vida, cria um ajuste de não-transgressão entre os indivíduos, introduzindo o homem em um cotidiano mediatizado pelos ditames da moral, em que cada um não faça aos outros o que não gostaria que fizessem a si.

---

[71] Hobbes, Thomas. *De Cive*. op. cit., p. 80/82.

[72] Hobbes, Thomas. *Leviathã*. Coleção Os Pensadores. São Paulo, Nova Cultural, 1988, Capítulo XIV, p. 78.

O homem natural, agora guiado por uma reta razão que lhe garantirá não só a sobrevivência, mas também a felicidade em todos os seus quadrantes, já tem condições e mesmo precisa deliberar sobre seus atos visando sempre a uma finalidade útil e coerente com o que pretende(m) da vida.

3. A constituição da sociedade civil

Um dos grandes temas que irá desencadear o questionamento do modelo de Democracia Ocidental e do Poder Político instituído na Idade Moderna e Contemporânea é o da representação política e suas manifestações. Em Thomas Hobbes, tanto no *Sobre o Cidadão* como no *Leviathã*, tem-se oportunidade de observar quais os parâmetros que inauguram a discussão sobre o Poder Político instituído e, indiretamente, as formas de tratamento da Democracia, na condição de sistema de governo.

A posição de Hobbes sobre a impossibilidade de conformação de uma sociedade organizada com o homem em estado de natureza já restou evidenciada. Resta verificar, com detalhamento, como se dá a transposição do estado natural para um estado social, e mais, de que maneira se constitui a idéia de homem artificial, peça-chave na instalação de um Estado Civil(izado).

O pensador, no capítulo II do *Sobre o Cidadão*, assevera que uma das leis naturais derivadas da lei fundamental[73] é que o direito de todos os homens a todas as coisas não deve ser mantido, mas é preciso transferir ou desistir de certos direitos, isto porque, se fosse ao contrário, implicaria que uns teriam o direito de ataque e outros o de defesa, ou, de forma extensiva, a guerra.

---

[73] Buscar a paz quando for possível alcançá-la; quando não for possível, preparar os meios auxiliadores da guerra.

É um dever racional do homem natural que pretende se emancipar de tal condição perceber e tomar consciência da necessidade de se portar de acordo com os fins a que quer chegar: felicidade, segurança e prosperidade, o que significa dizer, desistir do direito de livre postura e agir, transferindo-o a outrem.

Estas condutas voltadas para a paz devem ser observadas por todos os homens, ou pela maioria, o que não ocorre no Estado de Natureza, eis que inexiste ali alguém bastante forte para obrigá-los a observá-las. Assim, o único caminho para tornar eficaz as leis naturais, ou seja, para fazer com que os homens atuem segundo a razão, e não segundo a paixão, é a instituição de um poder tão irresistível que torne desvantajosa a ação contrária: o Estado.

Hobbes entende que os homens devem realizar uma transferência mútua de direitos, denominando isto de contrato. Ao melhor explicar como se desenvolve este contrato, deixa claro que seus contornos são de natureza estritamente privada.

Quer dizer,

> "la condición primera de la sociedad es la mutua confianza y el cumplimiento de los pactos ya que sin ella no puede haber certeza de su efectividad, pero tiene que haber una presunción razonable de que las demás personas se colocarán en la misma posición."[74]

O poder do Estado e a autoridade de direito se justificam unicamente porque contribuem à seguridade dos indivíduos e não há uma base racional de obediência e respeito à autoridade, salvo a presunção de que tais coisas garantirão maiores vantagens individuais do que malefícios. Aqui, o bem-estar social enquanto tal desaparece por inteiro e se vê substituído por uma soma de

---

[74] Sabine, George H. *Historia de la teoría política.* op. cit., p. 345.

interesses individuais e egoístas, no que concluímos ser a sociedade um corpo artificial, um nome coletivo que descreve o fato de os seres humanos encontrarem individualmente aquilo que se lhes representa vantajoso. Entretanto,

> "consenso, ou sociedade instituída, sem alguma forma de poder, através do qual cada indivíduo seja governado por medo à punição, não basta para garantir a segurança, que é exigida para o exercício da justiça."[75]

Significa dizer que o motivo que leva os homens a formar uma sociedade é o temor ao castigo àquelas condutas que possam levá-los novamente ao estado de natureza.

A formação da sociedade, no entanto, precisa ser muito bem pensada, principalmente no âmbito de sua organização, eis que a concentração de muitas vontades num só fim não basta para a preservação da paz, pois, conflitantes por natureza, estariam sempre expostas aos ditames dos desejos e tentações particulares. Assim, deve cada indivíduo submeter sua vontade a uma outra vontade (de um homem ou de um conselho), de modo que, tudo que essa vontade desejar em relação aos meios necessários para a paz comum, seja aceito como sendo da vontade de todos e de cada um.

Como alerta Bobbio[76], o pacto pensado por Hobbes, ao contrário do *pactum societatis*, é um pacto de submissão, cujos contratantes são o *populus* em seu conjunto, e, de um outro lado, o soberano, deixando claro que os contratantes que se obrigam são tão-somente os associados individuais entre si, comprometendo-se reciprocamente a se submeterem a um terceiro não contratante, portanto, desconhecedor absoluto dos termos deste pacto, apenas investido dos seus efeitos.

---

[75] *De Cive*, op. cit., p. 98.

[76] Bobbio, Norbert. *Thomas Hobbes*, op. cit., p. 42.

"A união assim obtida chama-se Cidade, ou sociedade civil, ou ainda pessoa civil. Com efeito, sendo a vontade de todos uma só, esta deve ser considerada uma pessoa; [...]; cuja vontade, resultante do pacto de muitos homens, é aceita como vontade de todos os homens a fim de poder ele utilizar a força e os recursos de cada um para a meta, com o objetivo de paz e da defesa comum."[77]

4. A formação do Estado e a figura do soberano

Parece ser seguro afirmar que existem 03(três) definições de Estado nas obras principais de Thomas Hobbes: 1ª) o Estado como multidão de homens unidos como uma pessoa por um poder comum para a paz, defesa e vantagem comuns dos mesmos; 2ª) uma única pessoa, cuja vontade, em virtude dos pactos contratados reciprocamente por muitos indivíduos, deve ser considerada a vontade de todos esses indivíduos, de modo que ela pode se servir das formas e dos bens dos indivíduos para a paz e a defesa comum; 3ª) uma pessoa de cujos atos cada indivíduo de uma grande multidão, com pactos recíprocos, faz-se autor a fim de que ela possa usar a força e os meios de todos, conforme creia oportuno, para a paz e a defesa comuns.

Tais definições não se excluem, mas, ao contrário, entrelaçam-se, formando um verdadeiro complemento ao significado político do termo.

Em qualquer quadrante de análise sobre o Estado na obra de Hobbes, é inevitável conhecer este núcleo básico que é a teleologia do poder exercido ou formado, *i.e.*, a busca e instituição da paz e da defesa comum dos cidadãos. Além disto, cumpre registrar que a criação da cidade ou da sociedade civil tem como parâmetro o

---

[77] *De Cive*, op. cit., p. 99.

cálculo racional de vantagens e desvantagens contemporizado pelos indivíduos lançados no mundo, mediada pelo dever do homem, enquanto tal, de evitar a morte violenta que o estado de natureza ameaça. Em razão disto, o cidadão deve renunciar ao poder natural indiscriminado e arbitrário sobre todas as coisas, subordinando-se ao Estado.

> "Pois graças a esta autoridade que lhe é dada por cada indivíduo no Estado, é-lhe conferido o uso de tamanho poder e força que o terror assim inspirado o torna capaz de conformar as vontades de todos eles, no sentido da paz em seu próprio país, e de ajuda mútua contra os inimigos estrangeiros. É nele que consiste a essência do Estado, a qual pode ser assim definida: Uma pessoa de cujos atos uma grande multidão, mediante pactos recíprocos uns com os outros, foi instituída por cada um como autora, de modo a ela poder usar a força e os recursos de todos, da maneira que considerar conveniente, para assegurar a paz e a defesa comum."[78]

Já que a criação do Estado não se vincula ao pacto social levado a efeito por todos os indivíduos, eis que é fruto dele, Hobbes cria uma instituição situada acima do interesse de cada um, representando uma síntese daquelas vontades; Estado que amealha para si o poder/violência que os indivíduos detinham na natureza, e, coercitivamente, impõe as regras que irão nortear o campo de mobilidade e sociabilidade do cidadão nos limites da cidade.

Na construção teórica de Hobbes, o Estado, entre outras coisas e autorizado pelo pacto social, detém o monopólio do aparato legal[79], e, uma vez constituído, não existe outro referencial de regulação e ordenamento social que não as leis civis, as quais, de forma inarredá-

---

[78] Hobbes, Thomas. *Leviathã*, op. cit., Capítulo XVII, p. 106.

[79] *De Cive*, op. cit., Capítulo VI, p. 111; Cap. XIV, p. 185.

vel, servem como critério do justo e do injusto para os súditos, e, observe-se, são características do poder supremo exercido pelo Estado, fazer e ab-rogar leis[80], donde a conclusão inevitável:

"O Estado é a fonte do direito, ele não reconhece direitos preexistentes mas os cria ao promulgá-los. Se tudo é convenção, não há direito efetivo fora daqueles enunciados pelo Estado."[81]

Neste instante, Hobbes constrói aquilo que vai servir de modelo à idéia de governo representativo, enquanto ficção jurídica de participação popular - mediada pelo voto.

No momento em que a vontade do conselho ou do homem, a quem foi dado o poder soberano, é a vontade da Cidade, o que anteriormente foi visto, todos os atos do soberano são os atos de cada indivíduo isoladamente, buscando atender o pacto que foi forjado entre eles, motivo por que ele não pode ser desfeito pelo homem ou questionado contra o soberano, já que este não tem compromisso algum para com os cidadãos, pois não participou do contrato firmado entre eles, além do que,

"tudo o que o homem compactuar legitimamente, não pode legitimamente romper"[82].

Conceber o soberano ou o Estado como uma figura provida de poder que está acima das relações sociais que se estabelecem no seio da sociedade é extrair deste Estado os elementos que lhe dão um referencial empírico de governo e prioridades administrativas, ao mesmo tempo em que se estimula o descompromisso para com o macrossocial.

---

[80] *De Cive*, op. cit., p. 111, Capítulo VI.

[81] Moura, Carlos Alberto de. *Hobbes, Locke e a medida do direito. in* Filosofia Política, vol. 6, ed. Porto Alegre, LPM, 1991, p. 144.

[82] *Leviathã.* op. cit., Capítulo XIV, p. 83; ver também Cap. XVIII, p. 134

Interessante notar, entretanto, que no Capítulo XIII do *De Cive*, quando Hobbes trata dos deveres dos que exercem o poder supremo, traça uma série de características do exercício do poder que levam a questionar o caráter despótico do seu modelo de Estado.

Inicia afirmando que todos os deveres dos governantes estão contidos numa sentença única: a salvação do povo é a lei suprema (criada pelo poder supremo), portanto, gerida pela discricionariedade do Estado. Tal soberano deve obedecer, o quanto possível, em todas as coisas, à reta razão, que é a lei natural, moral e divina. Assim,

> "o homem, revestido de autoridade, que dela fizesse uso diverso dos fins de salvação do povo, estaria agindo contra as razões da paz, isto é, contra a lei natural"[83].

O Estado já satisfaria suas obrigações se pusesse todo o esforço em fazer carrear, através de salutares disposições legais, o bem-estar para o maior número de súditos e pelo maior espaço de tempo, tal que não aconteça mal algum a ninguém, a menos que seja por própria culpa ou por um acaso imprevisto. Significa dizer que:

> "Os encarregados da administração de uma cidade pecariam contra a lei da natureza, frustrando a confiança dos que lhes entregaram esse poder, se não fizessem tudo quanto fosse permitido pela lei para que os cidadãos venham a gozar abundantemente de todos os bens, não apenas para a sobrevivência mas para o prazer da vida"[84].

A construção discursiva de Hobbes revela a ausência de medidas que procurem dar eficácia às finalidades do Estado, eis que inexistem sanções ao soberano pelo

---

[83] *De Cive*, op. cit., Cap. XIII, p. 167.

[84] Idem, p. 168.

descumprimento das tarefas que lhe são impostas, ao menos no plano material do cotidiano dos cidadãos.

Se de um lado o pensador tenta aplacar o poder conferido pelo contrato entre os súditos com a disposição de uma finalidade a ser alcançada pelo governo do soberano, que é garantir a felicidade e o desenvolvimento ordenado da sociedade, por outro, não traz nenhuma forma de contestação ou solução aos desvios de caminhos levados a cabo pelo Poder instituído, exatamente porque o seu poder é perpétuo e absoluto.

Some-se a isto o fato de o soberano não estar sujeito às leis civis, dado que tem o poder de fazer e revogar as leis, podendo, quando lhe aprouver, abolir as que o estorvam e fazer outras novas. Do mesmo modo, o aplicador da lei e seu intérprete deve levar em conta a razão que levou o soberano a fazer determinada norma, para que sua sentença seja conforme a este, e nesse caso, a sentença é uma sentença do soberano; caso contrário, é dele mesmo, configurando-se como injusta.

Esta avaliação dos teoremas de Hobbes serve de parâmetro para nos dar uma idéia da forma de representação política que se cria no Ocidente no final do século XVII, institucionalizando os debates públicos como tarefa de responsabilidade proeminente do Estado, bem como delimitando o campo de mobilidade dos sujeitos sociais enquanto catalogados na condição de cidadãos obedientes à lei.

5. A Constituição da Sociedade Política em John Locke

Seguindo a tendência do direito natural da época, John Locke procura, no *Segundo Tratado sobre o Governo Civil*, alinhar algumas considerações sobre a formação da sociedade política a partir dos referenciais de comportamento existentes na natureza, partindo da análise do tipo de relação que se estabelece entre homem e mulher:

> "Pues al ser la finalidad de la unión entre hombre y mujer, no sólo la procreación a secas, sino también la propagación de la especie, esta unión entre varón y hembra debe continuar una vez consumada la procreación, y durante el tiempo que sea necesario para alimentar e mantener a los jóvenes, los cuales deben recibir sostenimiento de quienes los concibieron, hasta que puedan independizarse y valerse por sí mismos."[85]

Afirma o autor que tal regra é obedecida inclusive pelos animais inferiores, motivo por que são próprias do homem tais atitudes, enquanto ser animal, principalmente racional.

Continuando sua reflexão, Locke sustenta que, apesar da existência natural de um processo evolutivo envolvendo as espécies vivas, homem e mulher, a despeito das identidades e aspirações comuns, estes possuem entendimentos divergentes sobre determinadas coisas, o que exige uma decisão ou opção que defina a relação.

Assim,

> "será por tanto necesario que la última decisión, es decir, el derecho de gobierno, se le conceda a uno de los dos; y habrá de caer naturalmente del lado del varón, por ser éste el más capaz y el más fuerte".[86]

Os critérios utilizados por Locke para definir quem irá governar ou decidir são, de um lado, a força e, de outro, a capacidade. A primeira qualidade será em seguida encontrada na figura do Estado e seus instru-

---

[85] Locke, John. *Segundo Tratado sobre el Gobierno Civil*. Madrid, Alianza Editorial, 1990. p. 97.

[86] *Segundo Tratado...*, op. cit., p. 99.

mentos; entretanto, o atributo capacidade prescinde de um outro tipo de avaliação, vinculada aos valores e princípios que vigem no universo de quem o determina. Estamos falando que Locke, consciente ou inconscientemente[87], ao exigir uma determinada capacidade para governar ou decidir, está se referindo a uma sociedade de classes com diferenças sociais que, por uma questão de bom-senso e reta-razão, deverá eleger aqueles que representam o que há de mais próspero na comunidade, para o mister de seu comando político: os proprietários.

Poder-se-ia perquirir: quem Locke considera como membro da sociedade civil?

> "Todos, tendo ou não tendo propriedade, no sentido comum, estão incluídos, como interessados na preservação das próprias vidas e liberdades. Ao mesmo tempo, apenas os que têm fortuna podem ter plena cidadania, por duas razões: apenas esses têm pleno interesse na preservação da propriedade, e apenas esses são integralmente capazes de vida racional - aquele compromisso voluntário para com a lei da razão - que é a base necessária para a plena participação na sociedade civil."[88]

Ocorre que, sendo o homem, desde o estado de natureza, proprietário de sua vida, liberdade e bens, dando sentido a tudo isto pelo seu trabalho[89], cabe a uma organização política da sociedade moderna garantir a coexistência de todas as individualidades com suas propriedades, assegurando as necessárias condições objetivas à prosperidade ordenada.

Então, se em Hobbes o Estado é a fonte do direito, não reconhecendo direitos preexistentes, mas os criando

---

[87] *A Teoria Política do Individualismo Possessivo*, op. cit., p. 273.

[88] Idem, p. 260.

[89] O estado pré-político (natural) coincide com a esfera das relações econômicas, na qual se formam e desenvolvem as relações econômicas entre o homem e a natureza destinadas a transformá-la em seu benefício.

ao promulgá-los; se tudo é convenção, não havendo direito efetivo fora daqueles enunciados pelo Estado; com Locke, o direito que o homem tem sobre si mesmo trará como conseqüência o direito sobre as coisas, mediado pelo trabalho, e desde então é naturalmente que o homem é proprietário, não graças a uma convenção.

Por tais motivos,

> "o Estado não mais poderá ter a audácia do Soberano hobbesiano - ser a fonte do direito - mas deverá apenas reconhecer e preservar direitos que preexistem a ele. O trabalho toma o lugar da convenção: a sociedade constata direitos mas não os constitui, como supunha Hobbes."[90]

Em outras palavras, algumas situações estão consumadas na ordem do mundo, já que a lei natural proporciona um sistema completo de direitos e deveres, como o trabalho gerador da riqueza, preexistindo ao Estado, e, portanto, estando este impedido de alterar ou inovar neste campo.

Se é certo que o que tira o homem do estado de natureza e o coloca em uma civilização é o estabelecimento de um juiz terreno com autoridade para decidir todas as controvérsias e para castigar as injúrias que possam afetar a qualquer membro do Estado, também é correto que tal autoridade governante tenha claro qual o campo de atuação e responsabilidades que possui: o de proteger as propriedades.

Locke dá a fórmula para a civilização:

> "El único modo en que alguien se priva a sí mismo de su libertad natural y se somete a las ataduras de la sociedad civil, es mediante un acuerdo con otros hombres, según el cual todos se unen formando una comunidad, a fin de convivir los unos con los otros de una manera confortable, segura y pacífica, dis-

---

[90] *Hobbes, Locke e a Medida do Direito*, op. cit., p. 144.

frutando sin riesgo de sus propiedades respectivas y mejor protegidos frente a quienes no forman parte de dicha comunidad."[91]

Ora, se o que origina uma sociedade política é o consenso[92] sobre os rumos e evolução da sociedade, já determinados pela própria natureza, todos aqueles que não se vincularem a isto estarão, inevitavelmente, afastados da civilização ou de seus privilégios.

Na verdade, o consenso pretendido por Locke é simplesmente uma adesão ao inevitável, sem nenhuma oportunidade de escolha, crítica ou modificação na proposta de organização social, pois ela se encontra perfeitamente delimitada e demarcada pelo trabalho livre dos cidadãos, controlados não pelo Estado, mas pelo mercado.

Assim, se o Estado tem como objetivo precípuo a defesa dos interesses dos proprietários e seus bens (vida, liberdade e posses), parece difícil crer que toda a comunidade será contemplada da mesma forma e com os mesmos direitos pelo Poder Público, por um simples motivo: nem todos têm posses, e já se diferem econômica e socialmente por tal fato.

No momento em que o Estado administra a vida de cidadãos existencialmente diferenciados da mesma forma, em nome da igualdade de tratamento, ele realiza de ofício um processo seletivo de sociabilidade e exclusão política.

Por outro lado, entre governantes e governados, Locke instituiu um vínculo, não de um contrato, mas de um *Trust* (fideicomisso), fazendo do Poder um depósito confiado em custódia aos governantes pela sociedade civil, resultante do pacto original na condição (expressa

---

[91] *Segundo Tratado del Gobierno Civil*, op. cit., p. 110.

[92] Locke vincula a idéia de consenso à aceitação expressa ou tácita de uma pluralidade de homens livres às regras estabelecidas por uma descriteriosa maioria. *Segundo Tratado...*, op. cit., p. 130.

ou tácita) de que eles o exerçam para o bem público. Tal *Trust* tem por função deixar claro que todas as ações dos governantes têm como limite a finalidade do governo, que é promover o bem dos governados.

Os governados, por sua vez, terão garantidos os seus bens (vida, liberdade e propriedade): vida a todos - sem discutir a questão da qualidade; propriedade para quem já a possui; liberdade jurídica, ou seja, tendo previamente estipuladas pelas leis as condições que façam dela um direito devido ao indivíduo.

> "As leis civis, agora, serão o único texto que devo consultar para saber o que é meu e o teu, o bem e o mal, o útil e o inútil. E, à exceção do direito de defender-me, elas darão a medida de todos os demais direitos, no momento mesmo em que limitam minha liberdade natural."[93]

---

[93] *Hobbes, Locke e a Medida do Direito*, op. cit., p. 148.

Capítulo IV

A idéia de contrato social e consenso em Jean Jacques Rousseau

1. A produção teórica de Rousseau

Para os fins deste trabalho, a obra de Jean J. Rousseau tem fundamental importância, eis que demarca, como um divisor de águas, a forma de se avaliar a organização social, tendo como referência precípua o homem.

Com uma vida familiar um tanto conturbada, Rousseau, em 1728, então com 16 anos de idade, é enviado para Turim, por uma benfeitora católica, Sra. Warens, que o converte do calvinismo, onde tem oportunidade de se familiarizar com alguns clássicos da literatura política e filosófica da época, como Pufendorf e Grotius (Direito Natural), Spinoza, Platão, Aristóteles, Montesquieu, Voltaire, Bayle, Hobbes e Locke, formando o que se pode chamar de um referencial teórico de base.

A despeito de ter incursionado por diversos ramos do conhecimento, como a música e a literatura poética, a raiz filosófica rousseauniana se encontra em dois Discursos: *Sobre as ciências e as artes* (1750) e *Sobre as origens da desigualdade* (1755).

O primeiro texto pretende mostrar que os costumes degeneram em todos os povos do mundo à medida que o gosto pelo estudo e pelas letras se desenvolve entre eles, pois a virtude dá lugar ao amor próprio, ser e parecer diferenciam-se.

A uniformidade artificial de comportamento, imposta pela sociedade às pessoas, leva-as a ignorar os deveres humanos e as necessidades naturais. As ciências e as artes, com todo o seu brilho exterior, freqüentemente são somente máscaras de vaidade e orgulho.

Já no segundo texto, o autor pretende descobrir as causas de tal degeneração, demostrando que os vícios não pertencem tanto ao homem, mas fundamentalmente ao homem mal governado.

> "De moral que era no Discurso sobre as ciências e as artes, a crítica de Rousseau vai se tornar política no Discurso sobre a desigualdade. Pois é preciso ver que aquele que quiser separar a moral e a política jamais compreenderá o que quer que seja de uma ou de outra."[94]

Interessa, pois, enfrentar a mensagem que o autor traz no *Discurso sobre a desigualdade*, principalmente a descrição que faz sobre o estado de natureza, considerando-se que, desde Hobbes, recorrer a essa hipótese para explicar a origem, e por ela as bases da sociedade, é um lugar-comum da filosofia política.

O estado de natureza referido por Rousseau não tem a mesma função em seus predecessores, porque, para os juristas do direito natural (Grotius, Pufendorf), os homens são livres e iguais em estado de natureza[95]. Nenhum desses homens é dotado do poder de comandar os outros; portanto, a autoridade política não tem uma origem natural, ela deriva de uma convenção, de um contrato, pelo qual os homens se despojam de uma

---

[94] Rousseau, Jean Jacques. *Discurso sobre a origem e os fundamentos da desigualdade entre os homens*. Brasília, UNB, 1989.

[95] *O Direito Natural e das Pessoas*, de Pufendorf, citado por Rousseau no Discurso sobre a desigualdade.

parte de sua soberania em benefício de um terceiro, voluntariamente ou pela força.

Para Pufendorf, é justamente porque os homens em estado de natureza são dotados de razão e sociáveis que se unem para sair dessa condição infeliz e desumana. Para Locke, como já se viu, o homem quer garantir, pela instituição da sociedade, certos direitos que anteriormente existem nesse estado de natureza, como, por exemplo, o direito de propriedade.

A concepção de estado de natureza em Pufendorf opõe-se, assim, às teses de Hobbes: para este último, o homem em estado de natureza, longe de ser sociável e razoável, é ávido e orgulhoso, e entra em rivalidade com os outros homens. Dessa maneira surgirá uma guerra natural de cada um contra todos. Temendo a morte que resultaria desse estado de guerra permanente, os homens firmarão uma série de pactos mútuos em benefício de um terceiro, dotado de poder absoluto, pois ele não é parte interessada nesses contratos que não o comprometem em nada.

Rousseau recusa essas duas concepções do estado de natureza. Para ele, o homem natural não é nem sociável e dotado de razão, nem impelido por um egoísmo ativo. Pufendorf e Hobbes pecam ao atribuir ao homem natural características como sociabilidade, razão, paixões, que só surgiram com a sociedade; eles cedem ao que Rousseau chama de ilusão retrospectiva, transferindo ao estado de natureza idéias que buscaram na sociedade[96]. Assim sendo, cometem um erro simétrico: descrevem o estado de natureza de tal sorte que ele parece invocar necessariamente a instituição da sociedade.

Durante toda a primeira parte do *Discurso sobre a desigualdade*, Rousseau insiste na distância que há entre o estado de natureza e o estado social. O homem natural é

---

[96] *Discurso sobre a desigualdade*, op. cit. p. 49.

desprovido de todas as características do homem social, e nada nesse estado de natureza indica que dele deva sair: é um estado de felicidade e de equilíbrio que se basta a si mesmo, imutável e sem história.

O resultado dessa reflexão torna visível o despojamento radical do homem natural: ele não possui nenhuma das características comumente atribuídas ao homem. Ele é solitário, independente, ocioso: seus sentidos são proporcionais às suas necessidades; ele não tem consciência de ser homem. Assim, nem a linguagem, nem a razão, nem a família, nem a sociedade, nem o trabalho, nem a propriedade, nem a moral são naturais ao homem; serão criações posteriores do homem.

Paradoxalmente, o homem natural é superior ao animal apenas por sua nulidade, por sua ausência de determinações. Não possuindo nenhuma característica exclusiva, pode adquiri-las todas; ele é perfectível[97].

Rousseau partirá dessa perfectibilidade, e das duas características positivas do homem natural (preservação de si mesmo e piedade), para construir a sua evolução.

Na segunda parte do *Discurso sobre as desigualdades entre os homens*, identificará o surgimento desta desigualdade com a seqüência de uma série de progressos no seio do próprio estado de natureza, que estará, de agora em diante, sujeito a uma história. A descoberta da metalurgia e o desenvolvimento da agricultura, com a divisão de trabalho, estão na origem da propriedade e da desigualdade, e, nesta fase, o homem já está desfigurado. O estado de guerra vai tornar necessária a instituição da sociedade e das leis por um pacto de associação, feito, inevitavelmente, em favor de um grupo de homens: os ricos.

A tal pacto, pelo qual a sociedade efetivamente começou, Rousseau opõe o verdadeiro contrato, que seria o único a tornar legítima essa instituição. Esse

---

[97] Idem, p. 61.

contrato anuncia evidentemente o projeto do Contrato Social.

Esta discussão é procedente na medida em que se tenta estabelecer qual a natureza da constituição da sociedade civil e das relações de poder que nela se estabelecem.

Para Rousseau, como se percebe, o estado de natureza fornece uma referência, um parâmetro, que permite conhecer o estado social; é um critério que autoriza calcular o grau de afastamento do homem social com relação a uma origem hipotética, e pode ainda ter a função de norma, que oportuniza julgar, do ponto de vista moral, a degradação do homem social.

Assim, a investigação pretende delimitar quais os elementos teóricos produzidos por Rousseau que podem ser utilizados na análise daquilo que se denomina de Estado Moderno e seus fundamentos constitutivos, como as questões da soberania, consenso, governo e Lei.

Para tanto, três obras do autor, no mínimo, precisam ser enfrentadas: *Discurso sobre a economia Política; Discurso sobre a origem e os fundamentos da desigualdade entre os homens* e o *Contrato Social.*

2. A questão da igualdade entre os homens

Seguindo um método de certa forma sintético[98], Rousseau, no prefácio do *Discurso sobre a desigualdade dos homens,* perquire:

> "Como conhecer, pois, a origem da desigualdade entre os homens, a não ser começando por conhecer o próprio homem?"[99]

---

[98] Citado por Victor Delbos, *in A Filosofia Prática de Kant.* Jorge Zahar Editor, 1989, p. 99.

[99] Idem, p. 40.

A resposta a tal questionamento é reveladora de uma posição teórica bastante explícita e histórica, pois Rousseau parte da hipótese de que a única leitura que se tem do homem natural é a feita pela civilização de uma nova época, portanto, com olhos e culturas completamente condicionados pela modernidade e pelos vícios que ela possui.

Tudo leva a crer que em estado selvagem os homens eram iguais, tendo suas diferenças sido criadas por diversas causas físicas, não inerentes ao ser humano. Mas Rousseau esclarece que:

> "Não é fácil empreendimento distinguir o que há de originário e de artificial na atual natureza do homem e conhecer profundamente um estado que não mais existe, que talvez nunca tenha existido, que provavelmente não existirá jamais e, do qual, deve-se contudo ter noções corretas para bem julgar de nosso estado presente."[100]

Com bastante perspicácia, o autor ataca frontalmente as especulações filosóficas e políticas clássicas sobre estes assuntos, dizendo que inexiste consenso acerca da determinação de significados e sentidos para algumas expressões fundamentais à regulação da vida humana, inclusive no que tange à LEI, pois, enquanto os romanos submetem os homens e animais à mesma lei natural, os modernos reconhecem como lei somente uma regra imposta a um ser inteligente, livre na sua relação com os outros seres; porém, se cada um a seu modo estabelece esta lei, inocorre qualquer tipo de ordem ou organização social.

Resta saber como indicar quem deve/pode fazer a Lei, o que vai se verificar no segundo livro do *Contrato Social*, onde há um estudo mais detalhado da estrutura da soberania, com o que se prepara a definição de Lei,

---

[100] Idem, p. 42.

para depois formulá-la. Antes de responder a tal questão, Rousseau vai mapear as circunstâncias factuais em que se dá a própria problemática: o campo das desigualdades entre os homens.

Rousseau concebe existir na espécie humana dois tipos de desigualdades: uma natural (diferença de idade, sexo, saúde, força, etc.), e outra, moral ou política, efetivada pelo consentimento dos homens[101], que consiste nos diferentes privilégios de que gozam alguns em prejuízo de outros (os mais ricos, poderosos, etc.).

As diferenças naturais são administradas espontaneamente pelo cotidiano dos homens selvagens, baseado nos sentimentos da preservação da espécie e piedade[102], até porque,

> "não havendo entre eles nenhuma espécie de relação, conseqüentemente não conheciam a vaidade, nem a consideração, nem a estima, nem o desprezo; não tinham a menor noção do teu e do meu e nenhuma idéia verdadeira de justiça; viam a violência que pudessem sofrer como um mal fácil de reparar e não como uma injúria que se deve punir e nem mesmo pensavam em vingança."[103].

Com este tipo de assertiva, Rousseau faz uma severa crítica às conclusões de Hobbes, quando o criador do *De Cive* quer atribuir elementos culturais da sociedade moderna ao homem selvagem[104]. Em outras palavras, não é o estado da natureza em si que leva, de forma inevitável, à consecução da sociedade política ou civil, mas um conjunto de elementos que o pensador tentará demarcar no contexto de seus discursos.

---

[101] Idem, p. 48.

[102] Idem, p. 76.

[103] Idem, p. 77.

[104] Hobbes, Thomas. *De Cive. Elementos filosóficos a respeito do cidadão.* Rio de Janeiro, Vozes, 1993, Cap.X,1.

"Conclui-se dessa exposição que a desigualdade, sendo praticamente nula no estado de natureza, encontra sua força e seu crescimento no desenvolvimento de nossas faculdades e nos progressos do espírito humano, e enfim torna-se estável e legítima pelo estabelecimento da propriedade e das leis."[105]

3. Causas e fundamentos do surgimento da sociedade e da lei

A abertura da segunda parte do *Discurso* sobre as desigualdades entre os homens se dá com um libelo que, aparentemente, parece ser contra a propriedade privada:

"O primeiro que, tendo cercado um terreno, arriscou-se a dizer: isso é meu, e encontrou pessoas bastantes simples para acreditar nele, foi o verdadeiro fundador da sociedade civil."[106].

Ao justificar este posicionamento, Rousseau vai estabelecer um recorte teórico à avaliação do fenômeno político e social de organização do governo.

Vai partir do pressuposto de que a evolução do homem se dá de forma mais aprimorada com as transformações desencadeadas a partir do trabalho coletivo e das famílias coletivas, até chegar ao definhamento das propriedades grupais e o surgimento paulatino da propriedade privada, o que gera, em seu espírito romântico, uma degeneração da espécie.

"Tudo começa a se modificar: os homens, até então errando pelos bosques, adquirem maior estabilidade e se aproximam lentamente, reúnem-se em diversos grupos, e formam por fim em cada região uma nação distinta, unida pelos costumes e caracte-

---

[105] *Discurso sobre a desigualdade entre os homens*, op. cit., p. 118.

[106] Idem, p. 84.

res, não por regulamentos e leis, mas pelo mesmo tipo de vida e alimentos, e pela influência do clima."[107].

A sociabilidade humana se dá não de forma natural, como querem os gregos clássicos, o que se pode observar, entre outros, na *República*, de Platão:

"Sócrates - O que dá origem ao Estado é, segundo eu penso, a impossibilidade de cada indivíduo bastar-se a si mesmo e a necessidade que tem de uma multidão de coisas. Não sendo assim, a que outra causa atribuís a sua origem?
Adimanto - A nenhuma outra.
Sócrates - Destarte, pois, havendo a necessidade de uma coisa feito o indivíduo unir-se ao outro, nova necessidade, a nova união com outro, múltiplas necessidades reuniram, enfim no mesmo lugar, muitos homens com o propósito de se servirem uns dos outros. E foi a esta associação que demos o nome de Estado. Não é assim?"[108].

Ora, se não é exclusivamente a natureza a responsável pelas associações humanas, há que se perquirir quais as causas maiores para isto ocorrer. Tais causas, para o autor, sem dúvida, são externas ao homem, pois, apesar de ser perfectível, ele não se transformaria se as circunstâncias não mudassem - mas as circunstâncias são mudadas pelo próprio homem. Assim, a linguagem desenvolve-se após grandes inundações ou tremores de terras; a grande revolução da divisão do trabalho e do aparecimento da desigualdade ocorre pela circunstância extraordinária de algum vulcão que permite a descoberta da metalurgia[109], e assim por diante.

---

[107] Idem, p. 90.

[108] Platão. *A República*. Tradução de Eduarto Menezes. São Paulo, Ed. Hemus, p. 47.

[109] *Discurso sobre a desigualdade entre os homens*, op. cit., p. 93.

Os fatores acima identificados estão na origem da propriedade privada e da desigualdade. O resultado desta situação será um estado de guerra, que se situa no extremo limite do estado de natureza. O homem já está desfigurado, e o estado de guerra vai tornar necessária a instituição da sociedade e das leis por um pacto de associação.

Rousseau, descrevendo a precariedade de vida do homem civilizado, convivendo com a cobiça, com a inveja, o ciúme, a competição e tantos valores e costumes próprios da sociedade pré-industrial que se formava, consegue desenhar uma estratificação social básica e importante: ricos e pobres, com interesses conflitantes entre si. Esta conflituosidade vai gerar um estado de guerra tamanho a ponto de, premidos pela necessidade de proteger suas posses, os ricos concebem

> "o projeto mais meditado que jamais ocorrera ao espírito humano: o de empregar em seu favor as próprias forças daqueles que o atacavam, de fazer de seus adversários seus defensores, de lhes inspirar outras máximas, e de lhes dar outras instituições que lhe fossem tão favoráveis quanto lhe era contrário o direito natural."[110]

A fórmula refletida e desejada de implementar o referido projeto é a institucionalização de regulamentos de justiça e de paz, aos quais todos sejam obrigados a conformar-se.

No entanto, a dita reflexão e desejo em institucionalizar o convívio social, na verdade, se consubstancia num processo de persuasão desencadeado por aqueles que mais se beneficiam com a associação de homens pautada por um conjunto de regras ou convenções, previamente estabelecidas: os ricos.

E assim,

---

[110] Idem, p. 99.

"foi preciso muito menos do que o equivalente desse discurso para arrastar homens grosseiros, fáceis de seduzir, que aliás tinham muitas questões a resolver entre si para poder dispensar árbitros, e muita avareza e ambição para poder passar muito tempo sem senhores. Todos correram ao encontro de seus grilhões, acreditando assegurar sua liberdade, pois, com suficiente razão para sentir as vantagens de uma instituição política, eles não possuíam a experiência suficiente para prever os perigos que dela adviriam."[111]

É desta forma que Rousseau apresenta o surgimento da sociedade e das leis.

Inicialmente, ele diz que a sociedade se pautava por convenções e costumes herdados culturalmente, ocorrendo uma adesão por parte dos cidadãos daquela comunidade, sendo esta a responsável pela observância dos mesmos. Entretanto, com o passar do tempo, vai-se revelando a insuficiência dos costumes como reguladores de comportamentos e garantidores da paz, havendo a necessidade de se outorgar tal função a magistrados, ligados a um corpo político.

4. O pacto associativo: vontade geral x consenso

A idéia que existe a época de Rousseau sobre a formação de uma instância política organizacional da vida humana provém dos centros de estudo do Direito Natural, tendo dado o autor especial atenção aos trabalhos de Pufendorf e Grotius, já referidos.

Estes autores explicam a formação do Estado a partir da confecção de dois pactos: o pacto de associação, que une os cidadãos e lhes impõe obrigações mú-

---

[111] Idem, p. 100.

tuas, e o pacto de submissão, ou pacto de governo, pelo qual os cidadãos se submetem à autoridade dos chefes que para si escolheram, sob certas condições.

O primeiro pacto diz respeito ao

"estabelecimento do corpo político como um verdadeiro contrato entre o povo e os chefes que ele escolhe para si"[112].

O segundo pacto é aquele que estabelece que o contrato obriga as duas partes - governo e povo - a observarem as leis que nele se encontram estipuladas e que formam os laços de sua união.

Assim, tendo o povo unificado suas vontades em uma única (governo), todos os artigos sobre os quais essa vontade se explica tornam-se outras tantas leis fundamentais, que obrigam todos os membros do Estado, sem exceção, uma das quais regulamenta a escolha e o poder dos magistrados encarregados de velar pela execução das outras.

Ora, a despeito dos perigos que esta teoria do duplo contrato representa[113], parece haver a convicção de que o ofício do governo passa necessariamente pela delimitação das demandas populares pelo próprio cidadão (vontade geral), que detém efetivamente a soberania e apenas acorda uma representação de interesses demarcados com antecedência.

Rousseau dará um acabamento mais lógico e detalhado às questões do governo e da soberania, bem como às relações entre um e outro na obra *O Contrato Social*. Entretanto, um texto publicado pelo pensador no Tomo V da Enciclopédia Francesa de Filosofia, em 1755, e republicado em 1758, em Genebra, denominado *Discurso*

---

[112] Idem, p. 107.

[113] Há o perigo de ocorrer uma divisão da soberania entre as duas partes contratantes, o que pode provocar a dissolução da sociedade civil e a volta do estado de guerra. Rousseau refutará esta tese, especialmente o pacto de submissão, quando de realização do Contrato Social.

sobre a Economia Política, enfrenta temas polêmicos da filosofia política de que se ocupa o *Contrato Social*.

Deixando de lado as discussões em torno de se o *Discurso da Economia Política* fora escrito antes ou depois do *Discurso sobre as desigualdades entre os homens*[114], importa saber que o primeiro *Discurso* pretende demonstrar a distinção entre soberania e governo e a concepção da vontade geral, categoria-chaves na compreensão da obra de Rousseau, e na concepção de contrato social, ou dos princípios de direito político.

A tarefa de esboçar uma teoria do governo prescinde de algumas definições teóricas importantes, tanto em nível de categorias e conceitos como no aspecto de formação do discurso que sustentará o estudo pretendido.

No caso de Rousseau, o autor precisa definir e apresentar os princípios regedores da idéia que tem de cidadania, representação política, legitimidade do poder político, etc., o que o obriga a começar com considerações gerais.

O ponto de partida prático e hipótetico[115] é uma situação que se apresenta num plano fundamentalmente cultural: o pacto social não é exclusivamente um acordo político, mas metapolítico, sendo seu produtor o homem, acordando com semelhantes as condições da associação humana; o resultado deste acordo é

> "uma forma de associação que defenda e proteja a pessoa e os bens de cada associado com toda a força comum, e pela qual cada um, unindo-se a todos, só obedece contudo a si mesmo, permanecendo assim

---

[114] Candela, Jose E. *Discurso sobre la economía política*. Madrid, Tecnos, 1985, p. XI e XII, onde se assiste a uma discussão entre R. Hubert e René Derathé, defendendo o primeiro que o presente discurso teria sido escrito antes do Discurso sobre a desigualdade e o segundo afirmando que o texto fora criado depois, até porque Rousseau estava cumprindo prazo para apresentar o Discurso sobre as desigualdades entre os homens à comissão de concursos de Dijon.

[115] Rousseau, J. J. *O Contrato Social*. Coleção Os Pensadores, tradução de Lourdes Santos Machado. São Paulo, Nova Cultural, 1987.

tão livre quanto antes. Esse, o problema fundamental cuja solução o contrato social oferece"[116].

O instrumento que permite a efetivação do pacto é a vontade de todos, e o instrumento ou faculdade que surge do pacto é a vontade geral. Tal vontade tem como pressuposto a deliberação livre (sem coação material ou moral) e refletida do sujeito histórico/racional, já ambientado em um espaço físico e temporal bem demarcado, para instituir uma instância política de organização e administração dos interesses (públicos) de todos[117].

A vontade geral deverá ser objetivada em um outro instrumento: a lei, que cria os meios necessários ao desiderato do pacto social - o Príncipe ou o Estado - e a todos vincula e alcança. Assim,

> "el Estado es siempre posterior a la voluntad general en la sucesión lógica y práctico-hipotética del discurso político de Rousseau."[118]

Se esta vontade geral se apresenta como uma base abstrata de representação do sujeito humano, ao mesmo tempo revela - contra a vontade de Rousseau - a manifestação da vontade de um grupo de homens, sedizentes maioria. Diante destes fatos, alerta o pensador:

> "Quand le noeud social commence à se relâcher et l'Etat à s'affaiblir, quand les intérêts particuliers commencent à se faire sentir el les petites sociétés à influer sur la grande, l'intérêt commun s'altère et trouve des opposants; l'unanimité ne régne plus dans les voix; la volunté générale n'est plus la volonté de tous; il s'élève des contradictions, des

---

[116] Idem, p. 32.

[117] "La voluntad general es general no por emanar de todo el cuerpo social sino por la finalidad que esencialmente tiene: el bien común. Viamonte, Carlos Sánches. *El Poder Constituyente*. Buenos Aires, Bibliográfica Argentina, 1975, p. 185.

[118] *Discurso sobre la economía política.*, op. cit., p. XIX.

débats, et le meilleur avis ne passe point sans disputes."[119].

Assim, o ideal para o autor é que a vontade geral seja a representação da vontade de todos, e isto pode se realizar em um Estado bem constituído. Na verdade, Rousseau eleva a vontade geral a um nível conceitual extremo, transformando-a em categoria discursiva para expressar a superação das contradições entre interesses ou vontades particulares em nome da coletividade, única forma de se viabilizar a sociedade política e se dar sentido/função ao Estado: garantir prioridades públicas eleitas.

Tamanho o grau de abstração da categoria construída por Rousseau, que chega a elevá-la à condição de uma regra de justiça:

> "Esa voluntad general, tendente siempre a la conservación y bienestar del todo y de cada parte, es el origen de las leyes y la regla de lo justo y de lo injusto para todos los miembros del estado"[120].

Com isto Rousseau atribui à vontade geral um parâmetro de legitimidade - categoria a ser explicitada - ao governo/Estado, e, conforme Jose Candela, uma forma de consciência histórica coletiva[121].

Imanuel Kant, na *Fundamentação da Metafísica dos Costumes*, vai asseverar, aos moldes de Rousseau, que a passagem do estado de natureza ao estado civil, dar-se-á mediada por um *contractus originarius*, que simboliza a união de todas as vontades particulares e privadas de um povo numa vontade comum e pública, porém, não se traduz tal pacto social em um fato histórico

---

[119] Rousseau, J. J. *Du Contract Social*. Livro IV, Cap. I. Paris, Gallimard, 1979, p. 53.

[120] *Discurso sobre la economía política*. op. cit., p. 9.

[121] Idem, p. XXIII.

determinado[122]. Esse contrato, ao contrário do jusnaturalismo, é uma idéia da razão, mas que tem uma realidade a ser observada: que cada legislador faça as leis como se estas derivassem da vontade comum de toda a sociedade.

A lei, por sua vez, objetivação da vontade geral, surge na vida do corpo político como um instrumento apropriado para assegurar as liberdades públicas e a autoridade do governo. Além de critério ordenador das condutas e práticas sociais, com o fim clássico de proteção dos membros da comunidade, ela vai restabelecer pelo viés do Direito a liberdade natural dos homens[123], ao menos parcialmente, já que a igualdade natural já não é, no espaço formal da lei, algo absolutamente natural, isto é, submetida a uma condição empírica de causalidade instintiva que dita sua lei ao sujeito independente.

> "Este acto fundante de la libertad (y de la justicia en tanto que forma consciencial) en que consiste la ley, supone pues la superación(es decir la presentación en un nuevo nivel lógico) de la obediencia prescrita solamente por la necesidad, característica del puro estado de la naturaleza; y en tanto que acto de la consciencia, es la fundación de la moralidad del ciudadano en el Estado, precisamente, de Derecho."[124].

Consoante a apresentação que Rousseau faz da lei, deduz-se que ela, encerrando um imperativo moral, deve assegurar que o Estado exerça os poderes que lhe foram conferidos respeitando a vontade geral, e esta

---

[122] "Como se, para que nos considerássemos ligados a uma constituição civil já estabelecida, fosse necessário primeiro ser demonstrado pela história que um povo (cujos direitos e cujas obrigações nós, como descendentes, teríamos herdado) precisasse uma vez ter cumprido realmente um tal ato e precisasse ter deixado para nós testemunho escrito e oral." Bobbio, Norberto. *Direito e Estado no pensamento de Emanuel Kant*. Brasília, UNB, 1984, p. 124.

[123] Idem, p. 14.

[124] Idem, p. XXVI.

será mais ou menos democrática ou pública, de acordo com o tipo de representação política que esboçar.

A consecução dos poderes do Estado (tarefa moral) reclama posturas ativas - de governo - com base nas leis, o que consiste em fomentar boas ações aos cidadãos[125]. De agora em diante, o súdito deixa seu lugar histórico para o cidadão, e aquele que busca proteção junto à passividade do pacto de submissão é substituído por aquele que cumpre a lei favorecida pelo Contrato Social.

A lei, entretanto, ao mesmo tempo que obriga o cidadão (originariamente soberano)[126], vincula o Estado, exigindo que observe as regras pactuadas, ou, em outras palavras, verifica-se a existência do

> "acord de l'obéissance et de la liberté, et que ces mots de sujet et de souverain sont des corrélations identiques dont l'idée se réunit sous le seul mot de Citoyen"[127].

É reveladora a lembrança de Candela:

> "En el Estado, la ley es pues una declaración de la voluntad general no sólo en tanto que su obligatoriedad deriva del pacto social, sino, sobre todo, en tanto que los hombres, mediante el pacto, se dan unas leyes para no darse un amo."[128].

Esta é realmente a convicção de Rousseau, pois não consegue perceber que a lei, enquanto convenção contratual, é resultado de um processo de negociação que envolve partes desiguais entre si.

---

[125] "Não se compreende Rousseau se não se entende que, ao contrário de todos os demais jusnaturalistas, para os quais o Estado tem como finalidade proteger o indivíduo, para Rousseau o corpo político que nasce do contrato social tem a finalidade de transformá-lo." Bobbio, Norberto. *Sociedade e Estado na Filosofia Política Moderna*. São Paulo, Brasiliense, 1986, p. 71.

[126] *Du Contract Social*, op. cit., livro I, cap.VII.

[127] *Du Contract Social*, op. cit., livro III, cap. XIII.

[128] *Discurso sobre la economía política*. op. cit., p. XXX.

Ao governo compreende a potência/força executiva; aos legisladores, representantes da vontade geral (soberania), cabe determinar o que executar. E se a potência que executa o faz independentemente da potência que legisla, quer dizer, se o governo que dispõe da força pública usa dela arbitrariamente em vez de ajustar-se à direção da vontade geral, já não é a lei que manda, pois só há o reinado da força, oportunidade em que aparece o despotismo, e o Estado tende a se dissolver (perder a legitimidade).

A relação que o autor faz entre legitimidade e governo vem registrada como máxima que este tem de observar no exercício de seu mister, *i.e.*, orientar-se em tudo pelas demandas da vontade popular(geral)[129] consubstanciada na lei; e, quando esta for defeituosa, recorrer à soberana *vox populus*, ou, em palavras mais modernas,

> "a concretização da legitimidade supõe a transposição da simples detenção do poder e a conformidade com as acepções do justo advogadas pela coletividade."[130].

O grande questionamento do pensador, aqui, é: Como conhecer a vontade geral? No que, infelizmente, não convence com sua resposta:

> "[...] los jefes saben de sobra que la voluntad general está siempre a favor del partido que más defiende el interés público, es decir, el más equitativo, de suerte que basta con ser justo para tener la certeza de cumplir la voluntad general."[131]

Os parâmetros de justiça não são trabalhados pelo autor, deixando ao arbítrio dos homens (cidadãos) vir-

---

[129] Idem, p. 13.

[130] Wolkmer, Antônio Carlos. "Uma nova conceituação crítica de legitimidade". *In Cadernos de Direito Constitucional e Ciência Política*, Revista dos Tribunais, ano 2, nº 5, outubro-dezembro de 1993, p. 26.

[131] *Discurso sobre la economía política*, op. cit., p. 18.

tuosos/instruídos, cuja vontade particular está em absoluta sintonia com a vontade geral, delimitá-los, o que é feito a partir de um enfrentamento de interesses inevitavelmente conflitantes. E é assim que Rousseau adverte que há uma segunda regra tão essencial como a primeira à administração pública,

> "queréis que se cumpla la voluntad general?, haced que todas las voluntades particulares a ella se orienten."[132].

Eis, talvez, o maior desafio do governo: buscar uma justiça que sirva a todos e, principalmente, que se preocupe com a proteção do pobre contra a tirania do rico.

> "Así pues, uno de los más importantes asuntos del gobierno consiste en prevenir la extrema desigualdad de las fortunas, pero no incrementando los tesoros de los que los poseen, sino impidiendo por todos los medios que los acumulen; tampoco construyendo hospitales para pobres, sino preservando a los ciudadanos de caer en la pobreza [...] tales son las causas más apreciables de la opulencia y la miseria, de la sustitución del interés público por el particular, del odio mutuo entre ciudadanos, de su indiferencia por la causa común, de la corrupción del pueblo y del debilitamiento de todos los recursos del gobierno; males todos, difíciles de sanar cuando aparecen pero que deben ser prevenidos por una buena administración a fin de mantener las buenas costumbres, el respeto a las leyes, el amor a la patria y el vigor de la voluntad general."[133]

---

[132] Idem, p. 18.

[133] Idem, p. 28/29.

5. O processo de dissolução do Estado e o rompimento do contrato social

Ao mesmo tempo em que o autor constata de forma precisa o nó central da problemática do governo, precisando a existência de dificuldades para se delimitarem prioridades públicas em razão das discrepâncias sociais violentas, e colocando, ao que parece, um critério quantitativo na conceituação de vontade geral (o maior interesse público), mostra-se conservador e impotente no que tange à transformação do quadro de desigualdades, pois tão-somente adverte à Administração Pública que é sua função evitar tais situações.

Ao que tudo indica, a idéia de contrato social serve como um parâmetro e símbolo à organização de um poder político-administrativo exterior ao povo, eis que as cláusulas deste contrato são determinadas pelo processo de formação do próprio pacto, portanto, ínsitas à vontade geral instituinte e toda sua carga valorativa e cultural.

> "Não se procure encontrar um ato real de instituição formal do contrato. Este passou a ter valor simbólico: suas cláusulas são determinadas pela natureza do ato, dispensam enunciado explícito, sendo mantidas e reconhecidas de maneira tácita."[134]

A partir do livro II do *Contrato Social*, Rousseau vai ingressar num dos tópicos mais polêmicos de sua obra: a questão da soberania.

Somente a vontade geral pode dirigir a atenção e o exercício de poder do Estado de acordo com a finalidade de sua instituição, que é o bem comum.

Na mais moderna teoria política, a significação de vontade geral em Rousseau não pode ser reduzida a

---

[134] *O Contrato Social*, op. cit., nota de rodapé da tradutora, nº 58, p. 32.

uma concordância numérica ou de maioria das vontades particulares, mas deve ser considerada como aquela que represente o que há de comum em todas as vontades individuais, enquanto elementos do corpo coletivo, que, por si só, possui uma função ou destino também político, desde a filosofia clássica grega: o lugar de satisfação e felicidade do homem na condição de gênero.

Entretanto, não há como se distanciar da contextualização histórica e política desta premissa tão importante na estrutura discursiva de Rousseau, motivo por que se afirma que a vontade geral, quando analisada em seus contornos empíricos, necessariamente deverá estar ligada à idéia da maior parte dos homens, porquanto

> "son las gentes comunes las que componen la especie humana; lo que no es el pueblo apenas merece ser tomado en cuenta. El hombre es el mismo en todos los rangos de la escala social y siendo ello así los rangos más numerosos merecen mayor respeto."[135]

> "Afirmo, pois, que a soberania, não sendo senão o exercício da vontade geral, jamais pode alienar-se, e que o soberano, que nada é senão um ser coletivo, só pode ser representado por si mesmo. O poder pode transmitir-se; não, porém, a vontade."[136]

Se a soberania é a fonte de todo o poder, o que contemporaneamente se aceita, ela tem um titular político certo e único, os homens que se agrupam - racionalmente pretendendo conviver com seus pares - e vivem - a despeito da predisposição de estarem juntos com outros grupos sociais - em sociedade.

Em decorrência desta reflexão, também a soberania é indivisível, pois, para o objeto de constituição de um corpo político governante, ou se tem claro que o funda-

---

[135] Sabine, George. *Historia de la teoría política*. México, Fondo de Cultura Economica, 1992.

[136] Idem, p. 44.

TEORIA DO ESTADO
Cidadania e poder político na modernidade

mento do governo é a sociedade como um todo, ou será de uma parcela dela, caracterizando-se como ilegítima, se for minoritária, já que em uma nota do autor, no *Contrato Social*, há a referência de que, para uma vontade ser geral, nem sempre é necessário que seja unânime[137].

A desnecessidade de unanimidade para caracterizar uma vontade geral parece que remete a sua demarcação conceitual, antes referido, para um referencial numérico, isto é, quanto mais homens forem signatários de uma demanda, mais ela deverá ser priorizada pela órbita governamental do Estado, sob pena de haver um objeto particular alterando sua natureza e esvaziando o sentido da própria existência[138].

O dever ser do governo rousseauniano tem a ver com uma matéria ainda não tratada no *Contrato Social* e que vai sê-la no capítulo VI do Livro II: a Lei.

Rousseau afirma que, pelo contrato social, o homem dá existência e vida ao corpo político. Agora, é preciso que se oportunizem condições para que o governo opere a administração necessária ao atendimento das demandas sociais. A despeito de existirem já regramentos morais e divinos que disciplinam sobre o comportamento da natureza, estes, justos em razão da origem, não são suficientes para garantir a ordem social necessária ao desenvolvimento da sociedade, pois falta reciprocidade em seu reconhecimento pelos seres vivos racionais.

Ademais, cumpre lembrar que, se o pacto social é fruto de uma convenção adotada por homens livres, nada mais coerente que as pautas de convivência social sejam também estabelecidas por leis previamente outor-

---

[137] Idem, p. 45.

[138] Idem, p. 50. Ver também o Capítulo IV do Livro III, onde o autor afirma que: "Nada mais perigoso que a influência dos interesses privados nos negócios públicos.", p. 84.

gadas pela vontade geral, momento em que Rousseau acata a natureza convencional de tais normas[139].

"As leis não são, propriamente, mais do que as condições da associação civil. O povo, submetido às leis, deve ser o seu autor. Só àqueles que se associam cabe regulamentar as condições da sociedade."[140]

Entretanto, como o povo cumpriria uma tarefa tão difícil como a de realizar um sistema de legislação? Aqui, Rousseau dá ensejo à discussão sobre a representação, ao mesmo tempo em que, de forma mais racional, vai aceitando a idéia de que não há outra forma de participação nas decisões políticas da cidade moderna, matéria sobre a qual disserta no capítulo VII do livro II do *Contrato Social*.

---

[139] Rousseau resgata uma discussão antiga no âmbito da filosofia: qual a natureza da Lei? Se mundada ou natural. Para alguns pensadores da escola filosófica grega sofística, como Ântifon, as Leis coercitivas se opõem à Lei natural. As leis feitas pelos homens estabelecem regras de condutas que contradizem a Lei natural mais elevada, a qual estabelece a vida e o contorto como metas para o comportamento individual.
"No papiro Sobre a verdade, a evidência primeira não é que o 'ser é ', mas que 'se cidananiza' (*politeúetaí tis*,9,10): a primeira realidade não é a *physis*, a 'natureza', mas a *polis*, a 'cidade'. A natureza torna-se assim a escapada das leis da cidade: é o secreto do privado, aquilo de que, conseqüentemente, não há escapatória possível (*eián láthei, me lathon, di'alétheian*, col.2, 5, 10, 23). A diferença entre a cidade e a natureza deve-se finalmente àquela das leis que as regem: existe o legal, o prescritivo, na cidade como na natureza (*tá nómima ...ta mèn ton nómon...tà dè tes physeos*, col.1, 23-26), mas o legal das leis é instituíto, é o resultado de um acordo (*homologethénta, homologósantas*, col.1,29s., 33s., col. 2,6), enquanto o legal da natureza é 'necessário'e 'brota' com ela (*phynta*, col.1,32). A homologia caracteriza assim para Ântifon a essência mesma da lei que constitui a cidade". Cassin, Barbara. *Ensaios Sofísticos*, São Paulo, Siciliano, 1990, p. 35.
Uma vez constatada esta discrepância entre Lei Natural e Lei humana, contextualizando a primeira como a que preserva os princípios mais retos e éticos possíveis, Ântifon aceita a idéia de infringência da Lei Humana quando necessário - necessidade essa determinada pelo senso comum moral da pólis, eis que as penalidades implicadas em tal infração derivam de simples opinião (*doxa*).

[140] *O Contrato Social*, op. cit., p. 55.

Para o pensador, a atividade legislativa é um empreendimento que se caracteriza por estar acima das forças humanas; todavia, para executá-la, mister é que se tenha uma autoridade que nada é[141], ou seja, alguém que detenha uma função meramente declaratória da vontade geral, sem transpor para o ofício suas impressões/interesses privados. Ao mesmo tempo, o autor alerta, a Montesquieu, para os perigos de determinadas atividades serem cooptadas por poderes outros que não os delegados pela sociedade.

De outro lado, o governo executivo é um mero corpo intermediário estabelecido entre os súditos e o soberano para a mútua correspondência, encarregado da manutenção da liberdade, tanto civil como política. Trata-se de um emprego, no qual, como simples funcionários do soberano, exercem em seu nome o poder de que ele os fez depositários, e que o mesmo pode limitar, modificar e retomar quando lhe aprouver[142].

Esta noção de governo como corpo distinto e dotado de vontade com função delegada é algo que se apresenta no discurso do autor como perfeitamente lógico e de acordo com sua produção até o momento, pois o objeto de preocupação e ocupação do Príncipe é, exclusivamente, aquilo que vá ao encontro da realização da vontade geral[143].

Inocorrendo esta correspondência política, está autorizado o soberano a providenciar as modificações que entender por certo, por meios formais ou informais.

---

[141] Idem, op. cit., p. 58.

[142] Idem, op. cit., Livro III, cap. I, p. 74/75.

[143] É importante fazermos menção à nota de rodapé do *Contrato Social*, op. cit., de Lourdes Santos Machado, p. 78, nota nº 248: "Como já sabíamos do artigo sobre a Economia Política, embora o governo venha a formar um corpo distinto e, pois, dotado de vontade (particular) própria, nele deve dominar sempre a vontade geral, sob pena de, não sabendo os súditos quando é legítimo (vontade geral) e ilegítimo (vontade particular) o mando governamental, anular-se, por impraticável, o próprio contrato social."

É no capítulo X do Contrato Social que o autor vai enfrentar diretamente as causas e conseqüências da degeneração do Estado como instrumento de representação política da sociedade. Parece que, numa postura fatalista, Rousseau acredita ser inevitável a opressão do soberano para com o corpo social, tanto devido ao processo natural de evolução dos corpos e por ser obra humana/falível, como em razão dos

> "vícios inerentes e inevitáveis que, desde o nascimento do corpo político, tende sem cessar a destruí-lo."[144]

Para explicar o processo de dissolução do Estado, Rousseau mais uma vez se utiliza do critério matemático de identificação da soberania, isto é, quando ele passa do grande para o pequeno número, ou (como modelo histórico), da democracia para a aristocracia e desta para a realeza.

Sabendo-se que o referencial da democracia ideal do autor é a forma de governo onde a vontade geral exercita diretamente os atos de administração pública, e que tal modelo é inviável na idade moderna, ainda assim se tem como ratificada a posição anterior de que a legítima vontade geral constitui a que se aproxima deste paradigma ou tem o respaldo do maior número de cidadãos. A partir daí, qualquer ato ou política instituída que não respeite uma hierarquia de prioridades eleitas pelo povo significará uma privatização do poder soberano, e com isto, a usurpação da vontade geral por uma particular, de determinado segmento social.

> "Dá-se, então, uma mudança notável que consiste em contrair-se não o governo, mas o Estado; quero com isto dizer que o grande Estado se dissolve, que se forma outro dentro dele, composto unicamente

---

[144] *O Contrato Social,* op. cit., p. 99.

de membros do Governo, o qual, em relação ao resto do povo, não passa de senhor e tirano."[145]

De uma certa forma, o autor adianta a discussão que se terá mais contemporaneamente sobre o processo de burocratização do Estado, pelo Governo, que transforma a instituição pública em instrumento de canalização e viabilização de projetos parciais de desenvolvimento econômico, cada vez mais concentrados num segmento minoritário da sociedade.

Ocorrendo o desvirtuamento das políticas oficiais de governo, dá-se definitivamente o rompimento do pacto social, e os cidadãos voltam a deter a disponibilidade de suas liberdades. Porém, existindo a lei como norma cogente que os vincula a uma determinada ordem e pautas sociais, estão forçados, mas não obrigados a obedecer ao Príncipe. Essa postura de Rousseau tem conteúdo e forma revolucionária, pois autoriza a elaboração da idéia de resistência ou desobediência política/civil.

Ora, se ocorre a usurpação da soberania por parte do governo e o Estado deixa de atender as suas prioridades originárias, funcionando como instância de proteção de interesses parciais da sociedade, nada mais coerente que o contrato social seja - numa linguagem técnica - denunciado, rescindido, liberando a parte lesada de continuar a suportar o ônus imposto. Sustenta o autor, inclusive, que a parte prejudicada (vontade geral/povo) não está obrigada a se submeter aos caprichos de um poder ilegítimo.

Como o pacto social pode-se romper efetivamente e de que forma este rompimento vai ocorrer - se pela via da negociação política ou pela força -, essas são questões que o autor não enfrenta com objetividade - porque não é sua intenção fazê-lo - embora faça crer que é o contexto de cada Estado que vai informar os rumos da história.

---

[145] Idem, p. 101.

Nos tempos modernos, a melhor forma de contextualização dessa discussão é da análise da *cidade* como lugar da história em que se forjam os elementos e instrumentos de organização social e política do homem, o que se pode avaliar a partir da análise de como esse homem produziu e produz as condições materiais de sua existência, referencial teórico distante do pensamento moderno contratualista.

O universo físico e territorial da cidade pode oportunizar um espaço muito rico de reflexões e possibilidades de verificação dos pressupostos e teorias acima referidas, principalmente porque é mediada por uma *ficção jurídica e convencional*: a Lei.

Na verdade, as condições de vida da sociedade contemporânea estão vinculadas, direta ou indiretamente, a relações de poder que partem do desenvolvimento capitalista da relações interindividuais e interinstitucionais. Aqui, a cidade se constitui e reproduz em meio a conflitos e contradições inerentes a uma sociedade de classes, minimizada pelo artifício igualizador da ordem jurídica[146].

6. O império da lei

Debater qualquer aspecto da Lei, modernamente significa ter presente o universo de significações e sentidos que o termo vem acumulando na história das idéias políticas e filosóficas, ao menos do Ocidente.

No espaço deste livro, não se propõe investigar sobre as condições de verdade das proposições que são empregadas na categoria Lei, a despeito da advertência

---

[146] Interessante a reflexão de Ana Fani A. Carlos no livro *A Cidade*. São Paulo, Contexto, 1994, p. 80: "As formas assumidas pelo processo de produção do espaço urbano - em função da divisão social e territorial do trabalho - refletem, necessariamente, a contradição entre um processo de produção socializado e sua apropriação privada".

do professor Luiz Loureiro[147]. Isto porque a abordagem das dimensões filosóficas do termo se alastram por caminhos muito longos e estranhos ao desiderato do texto.

Quer-se demonstrar que a Lei, enquanto espécie de norma - jurídica -, vai ser dogmaticamente transformada em um sistema de instrumentos que exerce influência sobre o comportamento de sujeitos sociais e em esquema de interpretação de um conjunto correspondente de ações sociais.

Considerando um pouco da história das instituições políticas da cultura ocidental, é fácil perceber que sempre se refere à existência de normas mediando as relações humanas, sejam morais ou religiosas.

A Grécia clássica tem o privilégio de debater a necessidade de normas à regulamentação da vida do homem, dividindo-se suas escolas filosóficas em diversas correntes, como anteriormente visto[148]. Entretanto, é com os romanos que a idéia de Lei tomará maior concreção, pois, enquanto manifestação coletiva do povo, vão-se objetivando nas *leges rogatae*, *senatus-consultus*, constituições imperiais, editos dos magistrados, e outras.

Fundado na *auctoritas*, o direito romano fixa uma hierarquia entre normas baseadas na autoridade e outras na divindade. As primeiras sofrem uma relativa autonomização face aos preceitos religiosos, evidenciando uma natureza prática e produzindo conceitos duradouros aos institutos jurídicos.

De qualquer sorte, mister é que se tenha presente que as culturas antigas possuem leis (XII Tábuas, Lei de Sólon, Código de Hamurábi, Código Visigótico, etc.). Entretanto, o culto da lei aí encontrado se dá concreta-

---

[147] Loureiro, Luiz Gustavo Kaercher. "Descrição do Direito" *In Logos. Revista de Direito da Universidade Luterana do Brasil*, vol. 1, junho de 1994, Canoas-RS, p. 26.

[148] Em capítulo anterior desse livro, enfrentamos o debate sofístico com a escola platônica sobre a questão da Lei.

mente, em face da própria lei, fomentado por questões religiosas ou mesmo costumeiras.

Nestes períodos, a Lei cumpre uma função de manter a paz numa determinada sociedade, além, é claro, de demarcar um conjunto de comportamentos permitidos e proibidos. O Rei ou o Imperador afigura-se como fonte de toda a legitimidade, e a legalidade é apenas uma das encarnações possíveis da vontade do soberano que, além disso, é vontade transcendente.

Com o advento dos movimentos revolucionários francês e americano, produz-se um modelo clássico de Estado de Direito, que acumula os saberes jurisdicizantes da cultura romana e germânica, encontrando no positivismo jurídico, enquanto direito realizado, a concretização de normas e princípios de direito natural.

A leitura mais freqüente destes acontecimentos é, sem dúvida, a da conquista da elaboração da norma pelo povo soberano, produzindo constituições e as declarações universais dos direitos do homem.

Neste momento, em nome da ordem e da estabilidade social, nada mais adequado do que demarcar definitivamente quais os espaços de mobilidade do indivíduo/cidadão, principalmente econômica, num mercado em expansão, observando sempre algumas premissas e objetivos que possui a sociedade (ou uma parcela) já dividida socialmente.

A positivação dos direitos individuais tão festejados pelos movimentos revolucionários do final do século XVIII vem ao encontro dos interesses políticos da classe burguesa, que pretende se instaurar nos poderes instituídos do governo, para garantir os privilégios e a proposta de desenvolvimento social que possuem.

> "La tarea de esos juristas racionalistas, que estaban influidos por la filosofia del Iluminismo, consistía principalmente en la construcción de sistemas jurídicos ideales estrictamente deducidos de unos pocos principios auto-evidentes.

Fue desarrollándose de este modo entre los juristas teóricos la presuposición de que su tarea no consistía más en evaluar criticamente la ley positiva sino en adoptarla como dogma con el fín de exponer sus consecuencias y la interpretación correcta de la misma."[149]

A norma, enquanto preceito jurídico, vai reinar sublinhando três características fundantes, que decorrem da ideologia democrática e racional da época: sua generalidade, objetividade e coerência. Generalidade porque ela é produto de todos e deve então aplicar-se a todos - metáfora da vontade geral -, produzida não apenas pelo legislador mandatário do povo, mas diretamente pelos próprios cidadãos, aos quais se consente uma delegação nos contratos que passam e que constituem a "lei das partes"; sua objetividade decorre da formulação geral e permanente que permite que não se suspeite de ser ela instrumento de interesses particulares, mas uma regra neutra e abstrata; sua coerência é evidenciada pela existência de uma ambição racional que tem como intento tudo englobar num discurso definitivo e sem falhas.

Para incrementar ainda mais esse processo de jurisdicização do cotidiano e inclusive para facilitá-lo, na segunda metade do século XVIII, através do pensamento iluminista, surge a idéia de codificação e sistematização das normas jurídicas em compêndios, cujo maior resultado e prova encontra-se no Código Napoleônico de 1804, que somada com a codificação justiniana revela-se fundamental na formação do pensamento jurídico/positivo do Ocidente[150].

---

[149] Nino, Carlos S. *Algunos Modelos Metodológicos de Ciencia Juridica*. México, Distribuciones Fontamara, 1993, p. 14.

[150] Veja-se que, na obra de Justiniano é fundada a elaboração do direito comum romano na Idade Média e na Moderna; já o Código de Napoleão tem influência fundamental na legislação e no pensamento jurídico dos últimos dois séculos, porque os códigos de muitos países foram modelados por ele.

Junto com a positivação formal de direitos, surge a escola exegética de hermenêutica[151], que se preocupa em expor tão-somente a matéria dos códigos, artigo por artigo, buscando identificar assim a vontade do legislador, enclausurando a potencialidade sígnica da Lei nos estreitos limites de uma *mens legens*, conhecida exclusivamente por poucos iluminados.

Ocorre aqui o culto à suficiência da lei, a par de uma confiança ilimitada no legislador - *universal*, de cuja razão não se duvida ao elaborar a norma, tão cara à ideologia burguesa, exige um direito simples e unitário para seu projeto de expansão e fortalecimento. É a própria concepção racioanalista que considera a multiplicidade e a complicação do direito um fruto do arbítrio da história monárquica ou imperial. Os ilumistas estão convencidos de que o direito histórico, constituído por um conjunto desordenado de normas arbitrária não serve à modernidade, e que além dele, fundado na natureza das coisas cognoscíveis pela razão humana, existe o verdadeiro direito.

Essa concepção jurídica do iluminismo, representando de alguma maneira o retorno à natureza como fonte da ordem e harmonia, resgata diretamente as contribuições de Rousseau, principalmente de seu texto *Discurso sobre a origem da desigualdade entre os homens*, em que considera a civilização e seus costumes como a causa de corrupão do homem - que é naturalmente bom. A partir daqui é que os juristas da Revolução Francesa se propõem a eliminar o acúmulo de normas jurídicas promovidas pelo desenvolvimento histórico e instaurar no seu lugar um direito fundado na natureza e adaptado às exigências universais humanas, entenda-se as da burguesia.

Com o advento da Escola Exegética de interpretação e aplicação do direito, constituída sob o surgimento

---

[151] Sem falarmos da escola da jurisprudência dos conceitos, inspirada por Savigny e fundada, entre outros, por Ihering.

do Código Napoleônico, firmam-se alguns princípios fundantes do trato com a norma jurídica e a regulação da cidade/Estado: o abandono gradativo do direito natural para o direito positivo, pois esse já é constituído dos postulados e valores oriundos da natureza humana; forja-se a concepção rigidamente estatal do direito, segundo a qual jurídicas são exclusivamente as normas postas pelo Estado; a interpretação da lei fundada na *mens legens* (intenção do legislador); o culto ao texto da lei, enquanto única possibilidade de ordem e harmonia social; o respeito pelo princípio de autoridade[152].

A partir daí aceita-se que os códigos são perfeitos e completos, aptos a resolver qualquer caso, sem necessitar buscar premissas e elementos que não estejam nos materiais jurídicos positivos.

Na verdade, a idéia de vontade geral rousseauniana é cooptada pela ideologia burguesa, pois, criando mecanismos institucionais e jurídicos para a organização política da sociedade - Parlamento, Partidos Políticos, Eleições, Voto, Poder Executivo -, só precisa agora acessar estas instâncias de poder e usá-las em seu intento. Em outras palavras, como a participação política e a democracia se tornam representativas, elas vão sempre representar alguns interesses, que podem ser da maioria (vontade geral) ou de um segmento minoritário da cidadania, dependendo da capacidade de pressão e organização, mais financeira do que social, das classes/grupos sociais[153].

Com acerto, Lefort[154] lembra que a prática do liberalismo proclama com extrema força a soberania do

---

[152] Estes aspectos são muito bem trabalhados por Norberto Bobbio, no livro *O Positivismo Jurídico*. São Paulo: Ícone, 1995.

[153] Neste sentido o texto de Dominique Charvet, "Crise de la Justice, crise de la loi, crise de l'Etat", no livro *La Crise de l'Etat*, coordenado por Nicos Poulantzas. Paris, Presses Universitaires de France, 1978.

[154] No Livro *Essais sur le politique- XIX-XX siècles*, de Claude Lefort, Paris, Éditions du Seuil, 1986, p. 38.

direito, mas, simultaneamente, forja um poder forte que é a emanação da elite burguesa e o agente de sua transformação de aristocracia potencial em aristocracia de fato, instaurando uma nova ordem, onde os homens não são mais classificados segundo seu nascimento, mas em virtude de sua função e de seu mérito.

"A dogmática jurídica passa então a elaborar uma teoria da lei, não a partir da observação empírica de como se processam as relações reais que determinam a construção ideológica de normas consideradas jurídicas, mas mediante a abstração desses mesmos conteúdos; para resguardar a exigência de cientificidade, se introduzem tais leis no complexo formado pelas leis da natureza, embora não necessariamente determinadas por estas. A teoria do direito passa a constituir especificidade de uma teoria geral da lei ou de uma teoria da ordem."[155]

Estes aspectos revelam uma sociedade regida pelo binômio *lei-ordem*, que dará sustentáculo meramente discursivo a um modelo de Estado fundado em normas de caráter público e natureza coercitiva, sem permitir quaisquer perquirições sobre o poder em si e sua justificação.

A Lei é sancionada por uma autoridade juridicamente constituída, emanada do Estado, que, por sua vez, tem também sua constituição formal expressa por norma legal, o que a torna válida e eficaz. Assim, conhecer o Estado significa conhecer a Lei. Em outras palavras, forma-se a tradição de que:

"Concepire lo Stato in termini di diritto significa concepire il potere come forza legale ed il suo

---

[155] Coelho, Luiz Fernando. *Teoria Crítica do Direito*. Porto Alegre, Fabris, 1991, p. 183.

esercizio come esplicazione della forza sotto il segno della legalità."[156]

Na ótica positivista, só a lei diz o direito, e o saber jurídico cingir-se-á em conhecer o ordenamento legal instituído, sem questionar sobre sua produção e não explicando sua gênese histórica. Significa dizer que o direito é visto como um fato, ou conjunto de fatos, de fenômenos ou de dados sociais, análogos ao mundo natural, assim, o jurista deve estudar e aplicar o direito do mesmo modo que o cientista estuda e aplica suas teorias à realidade natural, abstendo-se de formular juízos de valor. ·

"O culto da lei na idade contemporânea é um culto abstrato, à lei como tal, à legislação como expressora do direito. A lei, neste caso, tem um sentido formal que encontra sua razão de ser no imaginário que a envolve."[157]

A teoria da validade da lei se funda em critérios que dizem respeito unicamente à sua estrutura formal, prescindindo de seu conteúdo.

Fala-se do imaginário construído pela cultura burguesa, já identificada acima e que se transmuda com o passar do tempo, encontrando novas formas de sedução/persuasão para os seus projetos de desenvolvimento social, que passam não exclusivamente pela organização da violência física, mas pela manipulação ideológico-simbólica, pela organização do consentimento e pela interiorização da repressão[158].

A legitimidade do poder, que, na teoria rousseauniana, pertence originariamente ao povo, mediado pela

---

[156] D'Entrèves, Alessandro Passerin. *La Dottrina dello Stato*. Torino, Giappichelli editore, 1967.

[157] Clève, Clèmerson Merlin. *O Direito e os Direitos*. São Paulo, Acadêmica, 1988, p. 89.

[158] Esta avaliação é aprofundada por Nicos Poulantzas, no *texto L'état, le pouvoir, la socialisme*. Paris, Gallimard, 1978.

vontade geral, agora migra para outra instância, que é a soberania do Estado, fundada na razão da Lei, que, por sua vez, se justifica por critérios meramente formais.

O legalismo prefalado irrompe sobretudo a partir das revoluções liberais, movimentos que consolidam uma cosmovisão que pressupõe modificações no aparelho de estado absolutista.

"A organização centralizada do estado absolutista é mantida, mas, todavia, modificada em alguns aspectos essenciais, de modo a estabelecer a tripartição dos poderes e seus corolários, pedra de toque da dominação racional-legal."[159]

Como princípio norteador das sociedades democráticas modernas, a legalidade, conforme José Eduardo Faria[160], age como instância de mediação entre o político e o econômico junto às formações sociais capitalistas, tentando velar os níveis de latência e explosão das contradições que são sempre desiguais, e a pacificação global das tensões, até agora inatingível.

Ao regular as relações e os conflitos sociais, num plano de elevada abstração conceitual, sob a forma de um sistema normativo coerentemente articulado sob o ponto de vista lógico-formal, a lei nada mais é do que uma ficção a cumprir uma função pragmática precisa: fixar os limites das reações sociais, programando comportamentos, calibrando expectativas e induzindo à obediência no sentido de uma vigorosa prontidão generalizada de todos os cidadãos à aceitação passiva das normas gerais e impessoais.

A Constituição das democracias ocidentais, principalmente nos países de economia fragilizada, rompe drasticamente o fundamento político de sua sustentação social - a vontade/necessidade geral do povo -, pois se flexiona sobre a cidadania ao mesmo tempo que se

---

[159] *O Direito e os Direitos*, op. cit., p. 95.

[160] Faria, José Eduardo. *Direito e Justiça*. Rio de Janeiro, Graal, 1989, p. 134.

afasta; mais, coopta, com seus procedimentos burocráticos e impopulares qualquer tentativa de emancipação e atendimento das demandas efetivamente públicas, o que torna difícil os processos de comunicação política dos segmentos majoritários da comunidade e a própria efetivação/exercício dos ditos direitos e garantias individuais e coletivos.

Entende-se que, agora, cumpre perquirir o que se entende por legitimidade e se tal categoria pode ser cotejada com a legalidade e a organização jurídica da sociedade, pois,

> "si el primer término, como queda dicho, avoca al valor seguridad, el segundo - la legitimidad -, en cambio, apunta el valor justicia [...] el (concepto) de legitimidad necesita de una previa definición ideológica respecto de la justificación del poder."[161]

---

[161] Warat, Alberto Luis; Russo, Eduardo Angel. *Interpretación de la ley*. Buenos Aires, Abeledo-Perrot, Argentina, 1987, p. 36.

Capítulo V

Legitimidade e representação política: a crise do Estado de Direito

1. A questão da legitimidade

A categoria legitimidade afigura-se como um espaço discursivo político comum da retórica jurídica e política contemporânea. Usada quase que indistintamente por diversos e controversos segmentos teóricos, pretende ser estandardizada a um nível neutro de significado.

Em razão disto,

> "si parla, spesso indiscriminatamente, di legalità e di legittimità per indicare la corrispondenza di teterminate attività dello Stato alle norme esistenti dell'ordinamento giuridico."[162]

Parece haver consenso entre os tratadistas sobre alguns aspectos de abordagem do tema legitimidade, o qual designa, concomitantemente, uma situação e um valor de convivência social. A situação se apresenta na aceitação do Estado por um segmento majoritário da população; o valor, enquanto consenso livremente manifestado por uma comunidade de indivíduos conscientes

---

[162] *La Dottrina dello Stato*. op. cit., p. 203. Ainda fala o autor, mais adiante que: "La richiesta di una legittimazione del potere non é una richiesta vana e senza senso: è la richiesta fondamentale della filosofia politica. Una dottrina dello Stato che non ne tenga conto è, necessariamente, una dottrina incompleta", p. 213.

e detentores de uma certa autonomia (liberdade e igualdade).[163] Depreende-se daqui que o sentido da palavra não é estático, e sim dinâmico; trata-se de uma unidade aberta, cuja concretização é considerada possível diante de experiências históricas específicas.

Em sua origem, o adjetivo *legitimus* significa um mandato ou legislatura adequada a uma ordem estabelecida, e o núcleo justificador deste sentido originário descansa no pressuposto de que os valores e normas de tal ordem se encontram fundamentados num princípio de justiça que transcende a arbitrariedade e as vontades particulares, o que equivale a sustentar que esta justificação se relaciona com um interesse ou bem comum público.

A expressão *legitimidade*, no seu sentido ético de critério superior de moralidade acima da realidade factual dos governos e de suas leis positivas, operou, na Idade Média, em contraposição ao tirânico e à tirania. Com o passar do tempo, o termo foi adquirindo uma conotação mais empírica, apesar de não perder o sentido ético, referindo-se a certas condições materiais e históricas como sustentação do poder pela população, democracia representativa. Noções como *vontade geral, vontade popular, anseios da maioria, bem-estar social, sociedade justa, justiça social, desenvolvimento econômico*, etc., apontam fórmulas que pretendem aferir a legitimidade do direito e da política de modo geral.

Com o movimento do positivismo e do neopositivismo, a idéia de legitimidade é igualada à de legalidade, usurpando-lhe qualquer conotação política ou filosófica. Entretanto, a realidade factual e histórica, impondo-se diante do conservadorismo social, faz irromper uma relação de enfrentamento e, por vezes, de contestação da legalidade e do próprio poder com a legitimidade, servindo esta como instrumental de crítica

---

[163] Estamos falando, por exemplo, de Bobbio e Lucio Levi, na obra *Dicionário de Política*, Brasília, Edunb, 1993.

aos desmandos e arbítrios impostos por uma hegemonia política de classes.

Como lembra Ferraz Jr.[164], o uso ambíguo e vago da expressão reforça o seu desempenho comunicativo, transformando-a em um instrumento sedutor à práxis político-jurídica, permitindo que interesses incomuns sejam elevados a um denominador comum, o que oportuniza o mútuo entendimento entre facções diferentes e até divergentes, com a finalidade de produzir ação política convergente, sem que estas sejam obrigadas a exteriorizar seus próprios interesses e matizes.

Somente no século XVIII é que a acepção político-filosófica da legitimidade vai aflorar, tanto no centro dos novos governos revolucionários da Europa e da América, como na tradição da representação política que irá fundamentar os movimentos constitucionais. Na mesma oportunidade, a legalidade vai assegurar a qualidade do exercício do poder, assentando-se numa metafórica neutralidade axiológica e universalidade de princípios cujo desiderato é a ordem e a segurança do tecido social instituído pelo movimento liberal-burguês.

No aspecto filosófico de idealização objetiva dessa legitimidade, as contribuições do direito natural são imprescindíveis, desde os marcos valorativos firmados por esta escola - vida: liberdade, igualdade, justiça -, até os ajustes sociais levados a efeito pela teoria dos pactos contratuais entre povo e estado, fundamentalmente com Rousseau.

Tal categoria exprime uma crença fundamental vinculada e definida por um ordenamento jurídico e político, para regular, por via de um princípio de autoridade, as relações de comando e obediência[165]. Entretanto,

---

[164] *Constituição de 1988: legitimidade, vigência e eficácia, supremacia.* Tércio Sampaio Ferraz Jr., São Paulo, Atlas, 1989.

[165] Neste sentido vai a investigação de Enrique Serrano Gómez, no Livro *Legitimación y Racionalidad. Weber y Habermas.* Barcelona, Anthropos, Promat, 1994, p. 12: "La legitimidad presupone que los individuos asumen las normas que constituyen un orden social como obligatorias o como modelos, es decir, como algo que 'debe ser'."

devido às contradições e incoerências do próprio modelo liberal e a lógica do modelo de sistema de mercado que se forma, os princípios propagados não se concretizam majoritariamente, senão para uma pequena parcela da população, o que leva à evidência de deixar de ser a legalidade a legitimidade material do Estado burguês, para se converter em uma simples legitimidade formal.

"Desta forma, a legalidade se apresenta como um instrumento ideológico mesmo que dissimulado em fórmulas procedimentais."[166]

Num dos modelos mais acabados do neopositivismo, o kelseniano, onde há uma negação de aceitar as normas de justiça como fundamento do Direito, como critério de validade das normas jurídicas e como condição de derivação da ordem jurídico-positiva[167], a legitimidade é colocada como uma conseqüência da ordem jurídica posta, no que desconsidera os aspectos valorativos e políticos do Poder. Assim, esse saber dogmático

"não reconhece o fundamento de validade objetiva de uma ordem jurídica, em qualquer uma das muitas normas de justiça. A validade objetiva não surge da correspondência à norma de justiça, mas da conformidade, em última instância, à norma hipotética e fundamental da ordem jurídica."[168]

---

[166] Bonavides, Paulo. "A Despolitização da Legitimidade". *In Revista Trimestral de Direito Público*. São Paulo, Malheiros, 1993, p. 19.

[167] Neste sentido há uma ótima reflexão no livro *A Pureza do Poder*, de Luis Alberto Warat, Florianópolis, UFSC, 1983.

[168] Warat, Luis Alberto. *A Pureza do Poder*, op. cit., p. 59. É importante ter presente que esta norma hipotética e fundamental é a mesma norma fundamental gnosiológica que Kelsen tenta explicar no capítulo V: Dinâmica Jurídica, da *Teoria Pura do Direito*. Coimbra, Arménio Ámado, 1984, p. 267 e seguintes: "Já anteriormente, num outro contexto, explicámos que a questão do por que é que a norma vale - quer dizer: por que é que o indivíduo se deve conduzir por tal forma - não pode ser respondida com a simples verificação de um facto da ordem do ser, que o fundamento de validade de uma norma não pode ser um tal facto ... O fundamento de validade de uma norma apenas pode ser a validade de uma outra norma."

O positivismo jurídico, em todas as suas formas, trata de despolitizar e neutralizar, por vias formais e procedimentais, a temática da legitimidade, estreitanto os espaços e o significado da categoria, pois a vincula àquilo que o Estado, através da Lei, define como lícito e ilícito, estando aí os parâmetros do legítimo e ilegítimo. Qualquer outra abordagem sobre o assunto trata-se de matéria afeta ao campo da filosofia, sociologia e política, e portanto, estranho ao universo de atuação dos operadores do direito.

A verdade é que a busca de um critério de demarcação dos significados de legitimidade passa necessariamente pela indicação de uma fundamentação/justificação à categoria, o que, sem dúvida, é algo de discricionário, trata-se porém, de discricionariedade pública, que se expõe não só à verificação como ao debate.

Tentando sintetizar a história política do continente Europeu, Bobbio[169] afirma que a questão da legitimidade e da legalidade vai ao encontro da justificação do poder político, e segue uma trajetória de pressupostos centrados em três grandes fatores: a *vontade*, a *natureza* e a *história*.

No âmbito da vontade, há duas versões antitéticas insistindo, de um lado, que os governos recebem seu poder da vontade de Deus, e de outro lado, as posturas que defendem a origem na vontade do povo[170]. Assim, a fonte última da autoridade, na concepção descendente é a vontade de Deus, e na ascendente é a vontade popular.

Sobre a *natureza* há também duas versões antagônicas, a primeira, centrada no argumento da *força originária*, que implica reconhecer o direito de comandar de uns e de obedecer de outros como ínsito à natureza humana, independente da vontade humana; a segunda, vislumbrando a natureza como portadora de uma *ordem racio-*

---

[169] Bobbio, Norberto. *Stato, governo, società. Per una teoria generale della politica*. Turin, Giulio Einaudi, 1985.

[170] Pode-se lembrar aqui de Thomas Hobbes, no *Leviathã*, assegurando que não é a razão mas a autoridade que faz a Lei.

nal, o que funda o poder sobre a capacidade do soberano de identificar e aplicar as leis naturais já que leis da razão.

No que tange à *história*, essa remete a reflexão sobre o fundamento do poder político ao passado e ao futuro. A referência à história passada institui como princípio de justificação do poder a tradição que se encontra nos hábitos e costumes de um povo, cujo ideal de soberano é aquele que exerce sua autoridade desde tempos imemoriais, registrando como conseqüência imediata a construção de um típico critério à legitimação do poder constituído.A referência à história futura, por sua vez, constitui um dos critérios para a legitimação do poder que se está constituindo, própria de uma concepção dinâmica da história, em constante devir.

Veja-se que, neste plano, a passagem do Estado Monárquico-Absolutista para o Estado Constitucional burguês diminui a massa de privilégios de corporações existentes na época, sem extingüi-los, atenuando as desigualdades sociais e fazendo do credo igualitário e libertário a principal força de sua legitimação. Aos poucos, o modelo do Estado Legislativo próprio da nova classe emergente, desvinculando-se de seus pressupostos históricos, acaba fechando os olhos às situações constitucionais concretas e se enclausurando em um conceito de lei pretensamente neutro a valores, funcionalista e formal.

Em todos estes níveis de problematizações sobre a justificativa do poder e sobre a legitimidade, há algo de comum e constante em seu centro, ao menos a partir dos referenciais epistêmicos até então esboçados: a questão da *obrigação política* e a forma de sua operacionalização[171].

---

[171] Como informa Bobbio (1985,91), o tema obrigação política só é importante se se tem como certo o princípio de que a obediência é devida apenas ao comando do poder legítimo, pois, no momento em que acaba a obrigação de obedecer às leis começa o direito de resistência. Nesse sentido, os juízos sobre os limites da obediência e sobre a liceidade da resistência depende do critério de legitimidade que a cada vez é adotado.

A obrigação política de que se fala é aquela que se estabelece entre os interesses e demandas de uma comunidade e suas instituições representativas, geral e oficialmente corporificadas em pautas de políticas públicas e normas jurídicas permissivas e vedativas de comportamentos e condutas, tudo mediatizado pela expectativa do *consenso dos governados*, entretanto, essa categoria é meramente uma proposição, que não se verifica na realidade histórica do Ocidente e muito menos no Brasil.

De qualquer forma, pode-se perceber a estreita relação entre legalidade, legitimidade e Poder Político, revelando-se essencial que a *ordem legal* organize e justifique o exercício do poder objetivando garantir à sociedade um grau maximizado, para a cultura burguesa, de liberdade.

No plano das concepções ideológicas, para grande parte dos cientistas políticos, a legitimidade enquanto parâmetro de justificação de poder político, é a representação de uma teoria dominante do Poder e sua valoração no que se refere à autoridade, dominação, soberania e obediência. Enquanto isto, para a maioria dos juristas brasileiros, a partir do advento do prefalado positivismo jurídico, o problema da legitimidade fora subvertido, pois abre-se o caminho à tese de que apenas o poder efetivo é legítimo; efetivo no sentido de princípio de efetividade do direito[172]. Veja-se que o direito aqui só é considerado enquanto posto pelo Estado, perdendo-se, como se disse antes, a dimensão axiológica

---

[172] Nesse sentido, ver a obra *Teoria Pura do Direito* de Hans Kelsen. Coimbra, Porto, 1990. No texto fica claro como o autor restringiu a legitimidade a mera conseqüência da ordem jurídica posta. Interessante crítica sobre o tema é feita por Paulo Bonavides, no artigo "A Despolitização da Legitimidade", publicado na *Revista de Direito Público*, vol. 3. São Paulo, Malheiros, 1995, oportunidade em que afirma ter o positivismo jurídico se mostrado decisivo em neutralizar, desidratar, despolitizar, pelas vias formalistas, o sentido da legalidade, na proporção em que traduz a constância ideológica de conteúdo da sociedade burguesa e a sua própria legitimidade.

da matéria. Assim, a justificação do poder político sob essa acepção tem a propensão de estabilizar-se no tempo e no espaço, até que sua ineficácia avance a tal ponto de oportunizar a eficácia de um ordenamento alternativo e talvez oposto ao vigente.

Com tal debate, cria-se o impasse entre *legitimidade* e *legalidade*. A legalidade opera a condição do exercício do poder institucionalizado e da idéia de Estado de Direito, assentada numa suposta neutralidade axiológica e na universalidade de princípios *adequados* à ordem e segurança preconizados pelo ideário liberal-burguês. Em contrapartida, conforme Wolkmer[173], a *legitimidade* se estende como uma qualidade do título de poder que imprescinde de uma noção substantiva e ético-política, cuja existencialidade move-se no espaço de crenças, convicções e princípios valorativos. Sua força reside no interesse e na vontade ideológica dos integrantes majoritários de uma dada organização em que a prática da obediência é transformada em adesão assegurada por um consenso valorativo livremente manifestado sem que se faça obrigatório o uso da força.

Mais uma vez Wolkmer[174], quando trata do tema, parte do pressuposto de que, por trás de toda e qualquer forma de poder, subsiste uma condição de valores que refletem as aspirações e necessidades de uma determinada comunidade. Para esse autor, a legitimidade incidirá sobre a consensualidade de ideais, crenças, valores e princípios ideológicos, efetivamente compartilhados por uma maioria social.

Da mesma forma, Faoro[175] alerta que, enquanto a questão do poder vem do alto, do componente minoritá-

---

[173] Wolkmer, Antônio Carlos. "Uma nova conceituação crítica de legitimidade". *In Cadernos de Direito Constitucional e de Ciência Política*, nº 5. São Paulo, Revista dos Tribunais, 1995.

[174] Idem.

[175] Faoro, Raymundo. *Assembléia Constituinte*. São Paulo, Brasiliense, 1982.

rio da sociedade, a legitimidade vem de baixo, como reconhecimento em torno de valores.

"In questo senso, la legittimità è la condizione dell'autorità: è il segno più aggiunto al potere, alla forza che lo Stato esercita in nome della legge."[176]

De uma forma mais ou menos direta, a problemática da legitimidade se coloca como relacional, entre instâncias de vontade política: de um lado, o poder institucionalizado do Estado; e, de outro - não necessariamente adverso -, as aspirações e demandas sociais. Poder-se-á quase traçar um paralelo, em nível de questionamento desta relação, com os construtos teóricos elaborados pelos idealizados da figura do contrato social, em que a figura do cidadão e das associações a que pertencem possui uma efetiva soberania instituinte de instrumentos de governo, e esses figuram como obrigados ao desiderato previamente pactuado.

O que o modelo liberal consegue fazer é romper com a natureza participativa do processo de decisões políticas, em que um critério de racionalidade material afere a publicidade dos conteúdos substantivos destas decisões, organizados por outro, fundado em uma coerência lógico-formal do processo legislativo e das instituições políticos-jurídicas instituídas por instâncias oficiais que se responsabilizam, a partir de agora, pela delimitação do lícito e do ilícito, demarcando os espaços de mobilidade da própria sociedade.

No âmbito desta estrutura vigente, a cidadania - nominada dessa forma pela burguesia corporativa - partilha de uma crença inquestionada nas regras postas do jogo político, acatando todas as premissas decisórias que regulam e ordenam as relações humanas, o que inviabiliza uma eventual discordância quanto ao sentido de cada decisão concreta isolada, pelo fato de ele já estar

---

[176] *La Dottrina dello Stato*, op. cit., p. 204.

estipulado arbitrariamente, isso ao menos na concepção reducionista de Estado Democrático de Direito existente.[177]

Para contrapor a postura conservadora e comprometida com interesses de uma pequena parcela da população, pode-se afirmar que o conceito de legitimidade pressupõe um processo onde aqueles que detêm o poder político buscam obter um consenso que assegure a obediência habitual, tanto dos indivíduos que formam parte de seu quadro administrativo, como de todos os que se encontram vinculados a este poder. Tal obediência habitual a um determinado poder, todavia, não se afigura suficiente para enfrentar o problema que se coloca, concomitante a isto; enfrentar a questão da legitimidade também significa contestar e refletir sobre o próprio poder instituído, ou seja, perquirir-se sobre o consenso e a crença na validez da ordem política diante da maioria social.

Assim,

> "la legitimación explica el orden institucional atribuyendo validez congnoscitiva a sus significados objetivados. La legitimación justifica el orden institucional adjudicando dignidad normativa a sus imperativos prácticos."[178]

Importante registrar, de forma crítica, que a legitimidade não se limita a cumprir uma função de autojustificação, mas representa uma mediação importante e imprescindível entre o mandato e a obediência, entre a representação política e o poder político.

---

[177] A observância da lei concebida como um valor mais elevado faz a segurança da sociedade e das liberdades burguesas, e opera com o tempo e a vida das instituições, a regeneração social segundo as esperanças nela depositadas. Partia-se então do pressuposto da coincidência da felicidade individual com a felicidade coletiva. Bonavides, Paulo. *Política e Constituição*, op. cit., p. 376.

[178] Berger, H.; Luckmann, T. *La construcción social de la realidad*. Buenos Aires, Amorrortu, 1984, p. 122.

Max Weber, no texto *Economía y Sociedad*, entre outros, enfrenta a matéria da seguinte forma:

"Así, para el desempeño y ejercicio de este poder existe en las comunidades políticas enteramente desarrolladas un sistema de ordenaciones casuísticas a las que se atribuye hoy de un modo exclusivo tal legitimidad específica. Se trata del ordenamiento jurídico, cuya creación se atribuye hoy de un modo exclusivo a la comunidad política, porque ésta ha llegado, en efecto, a ejercer normalmente el monopolio consistente en dar vigor, mediante la coacción física, a tal sistema de normas. Esta preeminencia del ordenamiento jurídico garantizado por el poder político ha surgido y se ha desarrollado a través de un lento proceso, debido a que las demás comunidades que poseían poderes coactivos especiales han perdido, por efecto de los desplazamientos económicos y de organización, su poder sobre el individuo, de suerte que se han disuelto o, sometidas al yogo de las comunidades políticas, han visto su poder reducido o limitado por éstas."[179]

Para Weber, como se vê, a dominação legal que caracteriza os Estados modernos não se dá a partir da obediência direta à pessoa que detém o poder, mas a partir da regra estatuída; na dominação legal, a autoridade sustenta sua legitimitade sob a ótica da legalidade. De maneira convencional e acrítica, Weber não oferece um critério de validade à legalidade, senão a vontade e a capacidade de imposição da autoridade instituída/instituinte.

A despeito das possíveis leituras críticas que se façam à estrutura de reflexão weberiana sobre o tema, muitas vezes associando-a ao modelo decisionista para

---

[179] Weber, Max. *Economía y Sociedad*. México, Fondo de Cultura Económica, 1983, p. 663.

justificar a legitimidade[180], para este sociólogo, não é simplesmente a decisão ou imposição da autoridade instituída que gera a legitimidade, mas a crença na validez do *status* da própria autoridade, mediatizada pela Lei. Essa forma de sustentar a crença na validez do ordenamento jurídico - o que difere das formas de dominação tradicional baseadas na dependência pessoal - baseia-se na crença da validez da condição ocupada pelo legislador/governante, independente da pessoa ou grupo que ocupe esta posição. Isso implica, mais uma vez, ratificar a necessidade de uma ordem legal, vinculando inclusive o legislador ou autor dessa ordem, como marco para coordenar as ações sociais.

Interessante ainda constatar que Weber proclama, no texto *Economía y Sociedad*[181], que outra fonte significativa da legitimidade do ordenamento jurídico é o pacto realizado entre os interessados, resgatando, de certa forma, os pressupostos das teorias contratualistas dos séculos XVII e XVIII, porém, de forma menos metafísica, pois afasta a possibilidade de se pactuar/estabelecer conteúdos universais e absolutos para uma única forma de organização política específica, para uma política econômica concreta ou mesmo um conjunto de normas - como se pode dessumir da pretensão totalizante do modelo jusnaturalista[182]. Dessa forma, o sociólogo alemão parte do pressuposto de que o consenso irá evidenciar conteúdos plurais, os quais dependerão da tradição cultural, do contexto social e dos interesses dos participantes.

A legitimidade da legalidade vai residir no consenso sobre a validez de conteúdos desta; porém, como esse conteúdo é variável, o único critério racional que permi-

---

[180] Como em Enrique Serrano Goméz, op. cit.

[181] Op. cit., p. 641-642.

[182] Lembre-se que para os jusnaturalistas, na medida em que crêem que todos os indivíduos compartem de uma mesma ordem natural-racional, é possível determinar os conteúdos do pacto social.

te sustentar a crítica racional às diversas crenças da legitimidade é a própria noção de consenso e os procedimentos ligados a ela. Assim, o pacto entre os interessados representa o tipo ideal de legitimidade do denominado Estado Liberal de Direito, pois cabe a eles delimitar quais as funções e responsabilidades deste Estado e, por sua vez, em que consistem suas liberdades e igualdades. Aquilo que estiver sacramentado na Lei será o vetor da ordem e das pautas políticas e administrativas de governo, independente de se aferir como efetivamente se deu o processo de cristalização dos embates políticos em normas jurídicas, além de desconsiderar as profundas desigualdades materiais que atingem a formação cunjuntural da própria sociedade.

Bem ou mal, Weber consegue, com certa maestria, desenhar os contornos de constituição do Estado Democrático Moderno, lugar onde se enfrentam publicamente questões que envolvem a deliberação sobre a vida dos cidadãos e indicando os mecanismos de cooptação dos interesses públicos pelos privados. Entretanto, o pressuposto do consenso construído na sua teoria, na verdade, leva em conta a dificuldade de uma reconciliação entre a pluralidade de pontos de vista presentes em uma sociedade, o que exige um debate continuamente aberto sobre o que é legítimo e ilegítimo, principalmente considerando que tal pluralidade se dá em razão do processo absolutamente discriminador e excludente do sistema capitalista.

O autor, a despeito do seu esforço, não consegue explicar como se formam e se mantêm alguns valores fundantes no Ocidente, que norteiam os comportamentos e condutas dos seres vivos, alterando-se apenas a maneira de expressão deles, consoante o ambiente e história de cada um, como a proteção da vida, da igualdade, da liberdade, da justiça, etc., de uma certa forma positivados desde o fim do século XVIII, com o movimento dos direitos humanos.

TEORIA DO ESTADO
Cidadania e poder político na modernidade

Se é certo que a ordem jurídica, mesmo protegendo os direitos fundamentais do homem, não tem o condão de superar conflitos sociais, mas tão-somente estabelecer marcos que busquem garantir a integridade de uma determinada unidade social, uma das fórmulas de se aferir quanto democrático e legítimo é um Estado ou governo, sem dúvidas, é relacionar a quantidade/qualidade das leis protetoras de tais direitos vigentes com a efetiva proteção dispensada pelos poderes instituídos.

Cumpre registrar que, considerar o Estado como organismo protetor dos direitos ditos fundamentais, não significa idealizá-lo como uma entidade que transcende os enfrentamentos e interesses particulares, pois será o mesmo que dizer, ingenuamente, que a burocracia estatal e os políticos são uma classe universal, cuja função é de mediar imparcialmente os conflitos sociais. A noção de Estado como protetor daqueles direitos aponta para um novo medidor de legitimidade do poder exercido, ou seja:

> "El poder político puede encontrar una legitimidad en el derecho gracias a que éste, a través de los derechos fundamentales, reconoce la libertad de disenso de los ciudadanos y el objetivo supremo de garantizar la integridad de cada un de ellos."[183].

Por outro lado, o decisionismo de Carl Schmitt, radicalmente, localiza a questão da legitimidade no espaço único do exercício político institucional do Estado, em que o fundamento de validez das normas jurídicas que justificam o poder político não é outro que a capacidade de imposição e eficiência da autoridade em um contexto social determinado[184], pois é imperioso que os temas políticos sejam enfrentados com vistas à pronta

---

[183] *Legitimación y Racionalidad*, op. cit., p. 114.

[184] "La legitimidad democrática se apoya, por el contrário, en el pensamiento de que el Estado es la unidad política de un Pueblo". Schmitt, Carl. *Teoría de la Constitución*. Madrid, Revista de Derecho Privado, 1962.

resolução dos conflitos e demandas sociais, sem delongas e retóricas periféricas[185].

Pondera o autor alemão que o denominado Parlamentarismo democrático tende a substituir a decisão política pela exclusiva valorização da maioria quantitativa dos votos, o que de uma certa forma também relativiza ou põe em xeque a questão da própria representação política como indicador de modelo democrático de legitimidade da organização e participação social. O Parlamentarismo teria perdido seu fundamento e sua credibilidade no momento em que a livre discussão pública entre cidadãos independentes viu-se prejudicada pelo compromisso tático dos partidos, fazendo desaparecer, assim, o ser público no processo de decisão política, dando lugar às negociações corporativas de classes. Aqui o autor faz uma severa crítica e repreensão ao liberalismo na forma da democracia de massas, mistificador da natureza decisionista ou centralizada do poder político estabelecido.

Com tais posturas, ocorre que não se pode questionar por que decisões tomadas por um indivíduo ou grupo chegam a adquirir um caráter obrigatório ou vinculante para outros indivíduos ou grupos. Em outras palavras, constata-se a falta de normas e princípios fundamentadores capazes de justificarem o ato soberano de criação da ordem e do próprio poder; mais do que isto, considerar que a legitimidade do poder político se reduz à capacidade que este possui de impor sua vontade, desconsidera a própria experiência histórica contemporânea, que demonstra ser impossível para qualquer sistema político manter-se a longo prazo sobre bases exclusivamente coativas.

---

[185] O núcleo da teoria de Schmitt, principalmente na *obra Legalidade e Legitimidade* (1932), é a salvação e recuperação da área do político dentro das comunidades modernas cujas características consistem no debate sem fim, forma de desresponsabilização dos agentes políticos frente às necessidades de decisão concreta.

Schmitt demonstra que a tendência objetiva do liberalismo em escamotear as possíveis argumentações fundamentadoras do político - em seu sentido estrito -, favorece a neutralização da vida política e evidencia a existência de estruturas meramente formais desse político, sem valores últimos nem capacidade de se opor a usurpação do poder pelos segmentos minoritários da sociedade civil.

Em razão desses elementos, Carl Schmitt sustenta a tese segundo a qual a legitimidade política na sociedade de massas não se baseia mais em convicções de valores universais, senão única e exclusivamente na legalidade formal dos procedimentos burocráticos-oficiais dos poderes instituídos. Ademais, importa lembrar que a crença na validez do conteúdo de uma decisão concreta, fundada em procedimentos previamentes institucionalizados, pode chegar a generalizar-se, se e somente se, coincidir com certos valores, normas, expectativas ou interesses hegemônicos, vinculados a uma ordem social geralmente exclusivista e marginalizante.

Mais modernamente, Niklas Luhmann[186] demonstra a despolitização profunda da legitimidade ao consagrar como formas legítimas os meios procedimentais que constituem os mecanismos regulares de funcionamento político de uma sociedade. Para o autor, com a positivação do direito e com a ascendência do positivismo jurídico, a legitimidade perdeu sua força substancial e a seguir se equiparou à *posse do poder fático*, sendo utilizada para apoiar a problemática de um princípio de legalidade puramente positivo.

"Apesar do caráter questionável da legitimação racional-legal, a indubitabilidade da validade legítima de decisões obrigatórias faz parte das características típicas do sistema político moderno: é como que uma espécie de consenso básico, que se pode

---

[186] No texto *Legitimação pelo Procedimento*. Brasília, UNB, 1990.

alcançar sem acordo quanto ao que é objetivamente justo no caso particular e que estabiliza o sistema."[187]

Luhmann ainda conclui, a par de uma justificação profundamente sistêmica, que numa sociedade cujo sistema social se destaca por uma alta complexidade e variabilidade, a legitimação do poder político deve ser elaborada pelo próprio sistema e deixada a cargo de uma concebida moral natural existente na base social, o que garantirá a obediência e ordem perseguidas.

Como assevera Bonavides[188], essa concepção de legitimidade não se baseia numa livre e voluntária aceitação, em uma convicção pessoal consciente, mas num clima social que institucionaliza como evidência o reconhecimento de decisões obrigatórias e não as considera conseqüência de uma decisão pessoal, mas efeito da validade de uma decisão oficial.

O modelo liberal-burguês, com esta leitura tradicional de legitimidade, constrói as justificativas do exercício do poder político levado a efeito pelo Estado Mínimo, interceptando qualquer outra alternativa ou postura que possa representar risco a sua hegemonia política secular.

Outro festejado autor contemporâneo, o jurista português J. G. Canotillo, em brilhante apreciação do tema[189], vislumbra duas modalidades de concepções da legitimidade: a) a partir de critérios de competência e procedimentos, a qual se impõe não por critérios de valores de verdade e de justiça, mas por ser originada de um sistema regular e funcionalmente ordenado, partindo da premissa de que todo o ordenamento jurídico estabelece, ele mesmo, em virtude de uma lógica inter-

---

[187] Luhmann, Niklas. *Legitimação pelo Procedimento*, op. cit., p. 31.

[188] *A Despolitização da Legitimidade*, op. cit.

[189] Canotillo, José Joaquim G. *Direito Constitucional*. Coimbra, Almedina, 1992, p. 115/116.

na, seus critérios de legitimidade[190]; b) a partir do aspecto consenso, associada à idéia de autonomia e de democracia, com fulcro no pressuposto de contrato social, o que permite verificar a coerência ou não entre as normas jurídicas e os princípios ou valores que deveriam estar inseridos no ordenamento.

O tema *legitimidade*, por fim, não pode ser limitado nos estreitos termos da positivação da lei - metaforicamente considerada como síntese dos interesses e demandas sociais - e do seu plano de eficácia, porque isto significa afastar da polêmica os elementos políticos e filosóficos a ele inerentes (pressuposto teórico desta investigação).

Wolkmer, quando trata de um possível modelo de Estado democrático e socialista, assevera que: "Para a edificação da legitimidade (consecução de fins justos e democráticos) que sustentará uma legalidade do Estado Democrático Socialista, é imprescindível admitir alguns critérios de fundamentação, tais como: a) a necessidade de se adotar o critério das maiorias; b) o total respeito à liberdade crítica individual e das minorias; c) a efetiva conexão entre liberdade e igualdade; d) a realização da liberdade, da segurança e da igualdade nos postulados éticos-políticos dos direitos humanos mediante um verdadeiro controle coletivo do mercado e da propriedade dos meios de produção; e) o estabelecimento de um socialismo democrático, não dogmático e sujeito à constante revisão crítica."[191]

---

[190] Pode-se oferecer como modelo clássico desta posição o normativismo Kelseniano: "O princípio de que a norma de uma ordem jurídica é válida até a sua validade terminar por um modo determinado através desta ordem jurídica, ou até ser substituída pela validade de uma outra norma desta ordem jurídica, é o princípio da legitimidade"- *Teoria Pura do Direito*, op. cit., p. 290.

[191] Wolkmer, Antonio Carlos. *Uma nova conceituação crítica de legitimidade*, op. cit., p. 30.

2. A separação dos poderes e a representatividade política

A teoria da separação dos poderes constitui um dos pilares do direito burguês constitucional moderno, pretendendo representar tanto uma das condições à conquista da liberdade, como uma técnica de governo. A teoria do poder político moderno resgata, nesta concepção clássica, um caráter representativo ao exercício dos poderes do Estado, de modo que a forma democrática de governo é essencialmente ligada à subordinação dos poderes, em sua ação, à manifestação da vontade popular, ao menos formalmente.

Historicamente, da idade moderna aos dias de hoje, são as obras de Locke e Montesquieu que inauguram uma preocupação mais sistemática com o tema, representando uma reação contra o poder absoluto das monarquias européias, pretendendo, com a separação/divisão de poderes, encontrar um equilíbrio de interesses conflitantes - fundamentalmente entre burguesia e monarquia[192].

A Revoluçao Gloriosa na Inglaterra faz irromper uma nova inteligência e concepções sobre a caracterização e organização do poder político. Ali, Locke leva a efeito reflexões e críticas ao absolutismo que, se não visam a exterminar o modelo monárquico, ao menos dão início ao processo de sua derrocada, premido pela ascensão da nova classe social hegemônica: a burguesia.

Em meio a uma revolução, o empenho de Locke é o de demarcar a teoria política que restitua à consciência inglesa a paz de espírito que os súditos haviam perdido

---

[192] É importante que se lembre, aqui, que a idéia de equilíbrio entre poderes, de contrapesos de forças opostas, domina o pensamento europeu desde o século XVI: "se manifiesta en la teoría del equilibrio internacional (primero, de los cinco Estados italianos entre sí, después de equilibrio europeu); de equilibrio de importación y exportación en la balanza del comercio; entre la teoría de afectos egoístas y altruístas en la filosofía moral de Shaftesbury; en la teoría del equilibrio de atracción y repulsión en la teoría de la gravitación de Newton, etc.". Schimitt, Carl. *Teoría de la Constitución*, op. cit., p. 213.

ao expatriarem um rei, derrubando-lhe o trono e a dinastia. Essa teoria política institucionaliza a concepção dos direitos do homem, filiada às tradições insulares, aos costumes e à consciência pública do direito natural, da forma mais conservadora possível.

Diz-se na teoria política contemporânea que, se Locke vê o homem e sua liberdade, o homem e seus direitos naturais, Montesquieu preocupa-se em ofertar instrumentos de garantia dessa mesma liberdade e direitos, e isso se vislumbra com facilidade, porque ele escreve para uma França prostrada pelo absolutismo decadente da regência de Filipe de Orleans e Luís XV.

A Europa, fatigada dos excessos destes absolutismos, responderá agora ao apelo e à impaciência das categorias sociais burguesas que pedem participação mais responsável na direção da máquina governativa, diminuindo sua sede fiscal e de ingerência nos negócios do comércio, propondo a legitimidade dos governos com fundamento na prática da liberdade e na organização racional do poder, controlado e dirigido por uma Lei *popular*.

De Locke a Montesquieu e desse a Rousseau, o liberalismo aristocrático descreve uma trajetória que inicia onde o absolutismo expira como doutrina e acaba onde a democracia ganha, com Rousseau, o fundamento que lhe vai caracterizar pelo resto dos tempos: a simbologia da vontade geral.

Montesquieu, por exemplo, quando versa sobre o problema, tem em vista a Constituição inglesa, e seu objetivo não é tão amplo quanto se pretende hodiernamente. A estrutura de seu sistema pode ser encontrada no capítulo VI, Livro XI, do *De L'Esprit des Lois*:

> "Il y a dans chaque État trois sortes de pouvoir: la puissance legislative, la puissance executrice des choses qui dependent du droit des gens et la puissance executrice de celles qui dependent du droit civil. Par la première, le magistrat fait des lois por

un temps ou pour toujours et corrige ou abroge celles qui sont faites.

'Par la seconde, il fait la paix ou la guerre, envoie ou reçoit des ambssades, établit da sûreté, previent les invasions.

'Par la troisième, il pûnit les crime ou juge les diferends des particuliers. On appelera cette dernière la puissance de jûgger et l'autre, simplemente la puissance executrice de l'État."[193]

Como se pode verificar, a constituição dos poderes e as funções são extremamente diferentes na época de Montesquieu, porque o poder do monarca detém uma parte significativa da soberania.

No que tange à estrutura técnica do livro, Montesquieu deixa a desejar, pois falta-lhe unidade de exposição, voltando ao mesmo assunto em partes distintas; trata porém com certa clareza os conceitos que utiliza.

Em seus 32 (trinta e dois) livros, o *Espírito das Leis* apresenta uma nova opção de fundamentos à organização política da sociedade, revendo as formas de governo, no momento em que abandona a classificação tradicional da teoria aristotélica; proporcionando a dedução do espírito das leis inferida da análise pertinente à natureza e aos princípios que presidem a cada espécie de organização do Estado nas suas formas historicamente evoluídas, com omissão das sociedades bárbaras; a concepção de liberdade que exalta o homem como ser individual frente ao Estado-vassalo, cujos poderes ele reduz com a teoria da separação e dos contrapesos, tronco fundante do constitucionalismo liberal; e, por último, a teoria do ambiente físico e suas repercussões na índole dos governos e povos, como explicação para a grandeza e impossibilidade das civilizações, fruto direto das influências do Direito Natural.

---

[193] Montesquieu. *De L'Esprit del Lois*. Paris, Gallimard, Livro XI, Cap.VI, p. 187.

No capítulo primeiro do livro segundo do *Espírito das Leis*, o autor fala sobre as três formas de governo: o republicano, o monárquico e o despótico. É no governo republicano, no entanto, que se encontrará uma das maiores bases de sustentação do Estado Liberal, quando o autor lança algumas premissas por que o liberalismo cooptará à sua justificação de poder político.

Afirma Montesquieu que, se o povo puder realizar por si mesmo tudo quanto diga respeito à sua competência de poder soberano, inexistirá objeção a antepor-lhe. Porém, isto não acontece, pois falta a este povo o discernimento para conceber globalmente as demandas efetivamente públicas, o que exige a mediação política de ministros da vontade popular, os quais o sufrágio fez depositários da confiança democrática.

Assim, o autor justifica o princípio do poder representativo a partir da incapacidade de gestão dos interesses públicos pelo povo, ao menos diretamente, conforme demonstra a história dos atenienses e romanos, que sequer se preocupam com outra questão, que é a da separação de poderes[194].

São leis fundamentais da democracia o sufrágio pela sorte, a publicidade do voto, a elaboração das leis

---

[194] "Es curioso observar que el constitucionalismo de la Antigüedad funcionó sin la separación de funciones y frecuentemente en conflicto con dicho princípio. Es cierto que tanto en la polis como en la República romana se asignaban determinadas tareas a funcionarios elegidos; sin embargo, funciones materialmente diferentes - ejecución, legislación, judicial - estaban frecuentemente unidas en la persona de una misma magistratura. Los griegos no parecen haberse alarmado ante el hecho de que la *ekklesia* ateniense realizara simultáneamente funciones legislativas, ejecutivas y judiciales, aunque por razones prácticas - para evitar colisiones temporales y en interés de la división del trabajo - estas actividades estaban a cargo de diferentes comités y departamentos inferiores. Tampoco preocupó al alto sentido de justicia e rectitud de los romanos el hecho de que la magistratura reuniese estas tres funciones ... Probablemente, la razón íntima de esta diferencia fue el poco interés que el constitucionalismo clásico tuvo por la libertad, centrándolo todo en la igualdad ante la ley y el Estado de Derecho". Loewenstein, Karl. *Teoría de la Constitución*, op. cit., p. 56.

exclusivamente pelo povo - ponto esse que Montesquieu submeterá à restrição do governo representativo.

Em seguida, solidificando a postura de uma democracia formal e preocupado em justificar a concentração do poder nas mãos de uma parcela mínima da população, o autor adverte para os perigos de sua corrupção, lembrando que ela não se corrompe apenas com a perda do espírito de igualdade, senão que se arruína cada vez que a liberdade chega a extremos, quando os governados se querem situar no mesmo plano dos governantes e, quando o povo, sem confiar já no poder que instituiu, busca tomar e realizar por si mesmo as atribuições dos órgãos representativos.

O modelo de Estado e governo preconizado por Montesquieu necessita, por derradeiro, de um instrumento que proporcione a governabilidade de interesses e realidades distintas em um mesmo país. Para tanto, criou a técnica e pressuposto do denominado Estado de Direito: a separação de poderes. Para Bonavides, no entanto,

> "sua influência é muito mais vasta e capital. Tanto serve de técnica ao liberalismo como se converte num postulado primário da liberdade política"[195].

Os teóricos do Estado Liberal afirmam, a partir dos pressupostos traçados por Montesquieu, que todo o poder estatal tem que ser limitado. Dessa forma, a tão festejada soberania popular é inscrita na Constituição como princípio legal a ser observado no contexto sistemático de todo o ordenamento jurídico vigente, transformando-se em uma soberania da razão jurisdicista dos poderes instituídos, em lugar de uma soberania política concreta identificada com a simbologia prefalada da vontade geral. Acentua-se, neste discurso do liberalismo, que a soberania popular tem os seus limites, demo-

---

[195] Bonavides, Paulo. *Teoria do Estado*. op. cit., p. 143.

craticamente estabelecidos pela síntese/representação da vontade geral, sintetizada na figura exclusiva da lei, e que na democracia instalada sob seu império não se podem vulnerabilizar os princípios dos direitos fundamentais e a divisão dos poderes.

Registre-se que a fórmula de Montesquieu é tão bem aceita pela intelectualidade da época, que se viu inscrita nas principais cartas políticas do Ocidente, desde a Declaração dos Direitos do Homem e do Cidadão, em seu art. 1642, até a Constituição Americana, passando pelas cartas francesas da Restauração e da Revolução Liberal de 1814 e 1830, e pelas constituições da Alemanha, Bélgica, Holanda, Espanha, Áustria, Itália, Dinamarca e Noruega.

Importa saber se a tripartição dos poderes, tão amplamente adotada pela tradição constitucional do Ocidente, atendeu à busca de reais condições para o asseguramento dos direitos fundamentais do homem, ou, como parece, veio apenas proteger as liberdades burguesas de uma classe social em ascensão: a liberdade pessoal, a propriedade privada, a liberdade de contratar, e assim por diante.

Com o sistema de freios e contrapesos, o Estado,

> "severamente controlado, é o servidor da sociedade, submetido a um sistema congruente de normas jurídicas, a elas identificado - está aí o sistema de legalidade, que, apesar de seus pressupostos, atua autonomamente. A legitimidade é, dessa forma, a própria legalidade, nada mais do que a legalidade."[196]

De uma forma direta ou indireta, o pensar sobre a separação dos poderes significa refletir como se dá o processo de organização e funcionamento desses poderes, isto sem entrar na discussão acerca de se não é mais

---

[196] Faoro, Raymundo. *Assembléia Constituinte: a legitimidade recuperada.* op. cit., p. 35.

acertado falar em divisão de funções do Estado. Por sua vez, tal debate implica enfrentar a questão da representação política dos poderes instituídos: suas características, formação, desenvolvimento, etc.

No campo da teoria política e mesmo jurídica, forma-se um lugar comum sobre tipo ideal de regime de governo: a democracia. Durante período das revoluções modernas - Francesa e Americana - a preocupação existente entre os pensadores é a de demarcar quais os mecanismos (procedimentos e processos) que permitirão aproximar a democracia à idéia original de governo do povo.

A democracia direta, desde as notícias históricas da Grécia clássica, com Atenas precipuamente, não tem uma tradição de desenvolvimento histórico, mas, ao contrário, por diversas justificativas - entre as quais, que as sociedades, com o passar do tempo, vão crescendo quantitativamente, tornando-se complexas para permitir a participação de todos -, vai desenvolvendo formas diversificadas de participação, implantando a representação política como substitutivo operacional ao método antigo.

Sob a forma direta, a democracia praticamente se resume, hoje, a três modelos relatados por Bobbio:

"[...] o governo do povo através de delegados investidos de mandato imperativo e portanto revogável; b) o governo de assembléia, isto é, o governo não só sem representantes irrevogáveis ou fiduciários, mas também sem delegados; c) o *referendun*"[197], acrescentando-se, talvez, o plebiscito.

O autor cita que a primeira forma é acolhida pelo art. 142 da Constituição soviética; a segunda, que pertence à fase emergente dos movimentos coletivos, precedentes a institucionalização, como o movimento de

---

[197] Bobbio, Norberto. *Estado, Governo, Sociedade*. Rio de Janeiro, Paz e Terra, 1987, p. 154.

contestação dos estudantes, comitês de bairro e zona das cidades, etc.; a terceira, característica das constituições pós-bélicas, como a italiana, em seu art. 75.

De resto, a experiência política e constitucional moderna traz a representação popular, via sufrágio universal, livre e secreto, como forma de regime democrático de governo e Estado.

Se se resgatar o que foi dito sobre o pensamento de Rousseau, lembrando que a nação não pode ser representada pelo parlamento, eis que absolutamente soberano é o povo, e que os deputados são exclusivamente funcionários desta, devendo, pois, manterem-se fiéis às demandas sociais externalizadas, ver-se-á que a idéia de representação política sofre mutações com o passar do tempo, encontrando outros intérpretes, como Edmund Burke, que defendem a representação política como um ato e fato político que exige autonomia de juízo e decisão, para que os parlamentares não se deixem levar por apelos parciais e emotivos dos eleitores.

Aneurin Bevan, citado por Anthony Arblaster, define a representação política como uma situação em que

> "alguien actuará, en una situación dada, de una manera similar a como actuarían sus representados en esa misma situación. [...]. Se vuelve representación plena sólo si la persona elegida habla con los acentos auténticos de quienes lo eligieron [...] debe compartir sus valores; esto es, debe estar en contacto con sus realidades."[198]

O que se percebe, diante destas noções de representação política, principalmente a liberal, é que, fora do processo eleitoral, o povo tem um controle assombrosamente pequeno sobre o que seus representantes fazem em seu nome, tendo de suportar, em tese, a representação, de qualquer forma como se dê, até o fim do

---

[198] Arblaster, Anthony. *Democracia*. Madrid, Alianza Editorial, 1987, p. 124.

mandato. Ademais, com a institucionalização dessa representação pelos partidos políticos, a responsabilidade diante do eleitorado vê-se fragmentada nas instâncias burocráticas da entidade corporativa, que tende a proteger seus associados-afins.

Entretanto, a relação de representação não se exaure no processo eleitoral, e a análise formal da representação encobre aspectos relevantes do instituto, pois a representação política envolve um complexo e diferenciado jogo de influências onde estão inseridos partidos políticos, grupos de pressão, burocracia estatal e forças sociais que sequer estão representadas no Legislativo ou no Executivo.

No campo da teoria política, várias doutrinas tentam justificar a natureza da representação política, desde a premissa que a caracteriza como uma relação individual, entre representado e representante, até as concepções mais coletivas ou grupais desta representação, tentando superar o referencial individualista que permeia muitos estudos sobre o tema e situar as instituições representativas dentro dos padrões estruturais e dos fluxos processuais inerentes aos sistemas políticos das sociedades complexas.

O modelo do Estado Liberal, ao estabelecer os lugares oficiais da mobilidade política social: Parlamento, Executivo e Partidos Políticos, consegue criar um sistema de relações que pode facilmente controlar ou ao menos acompanhar, verificando se há o respeito à ordem e à paz social. Os pressupostos em que funda a organização da representação política, além do que já se expôs, são os seguintes:

a) as decisões que reclamam a administração do Estado e da própria sociedade, cada vez maiores e mais detalhadas, não podem ser tomadas por todos os cidadãos, diretamente, considerando o tempo que isto demandaria e a complexidade do processo;

b) o Parlamento é o instituto jurídico e político criado para que se tomem as decisões sobre a administração da sociedade, e onde, teoricamente, se dão os debates e estudos para o estabelecimento das prioridades públicas, através de representantes de toda a comunidade em questão;

c) no Parlamento, podem participar os Partidos Políticos, que, por sua vez, caracterizam-se e se diferenciam pelos programas de governo que possuem, bem como são criados em razão das identidades e projetos que possuem seus filiados;

d) os eleitores, que são os cidadãos, que são os indivíduos existentes em determinado território autorizados a votar, indicam os membros do Parlamento e do Executivo conforme o programa e proposta de organização social que irão cumprir.

Diante desta relação sistêmica e lógica, é fácil a conclusão de que o governo tem uma base popular e, portanto, é democrático. Porém, o que a realidade aponta é que os pressupostos dos quais parte o modelo liberal são falsos, pois: a) a maior parte dos cidadãos é privada de informações e conhecimentos sobre atores, estruturas, processos e programas políticos, para que possam, ao menos, aferir a efetiva relação existente entre estes e suas reais demandas; b) os cidadãos que mantêm contatos com seus representantes são poucos, até em razão da distância física e intelectual que se forja entre eles; c) por uma questão cultural-casuísta, grande parte da cidadania não se interessa pelas pautas políticas enfrentadas pelo país e debatidas pelo Parlamento; d) poucos cidadãos têm noção de que estão exprimindo demandas ou escolhas políticas quando votam, o que tornam o sufrágio uma prática meramente quantitativa no fenômeno político, pois se dá sem reflexão qualitativa .

Tal quadro gera, por sua vez, implicações sérias na formação estrutural do Estado, eis que, rompidos os vínculos entre representantes e representados, os primeiros passam a compor uma verdadeira corporação burocrático-estatal, privatizando a esfera pública do poder político. Nos dias atuais, entretanto, é preciso que se faça uma análise mais acurada do fenômeno constatado, relevando a participação e as modificações que ocorreram no âmbito do Estado.

É de se notar que, enquanto no século XIX, na perspectiva do liberalismo clássico, havia uma clara separação entre o Estado e a sociedade civil, no século XX essa linha divisória não é mais tão nítida. Atualmente a representação política não pode ser encarada como órgão da sociedade perante o Estado, nem como exclusiva titular da fundação de produção de normas jurídicas, nem como instituição indiferente aos problemas da ordem econômica. Diante da pluralidade de conflitos e demandas sociais, onde os atores sociais são artífices e mediadores de seus projetos de vida, por vezes conflitantes com a ordem estatal instituída, a rígida separação entre Estado e sociedade impede que se examinem vários aspectos contemporâneos do conceito de representação.

No mesmo sentido, importa lembrar que também as relações Estado x economia, principalmente após os eventos bélicos mundiais desse século, sofreram alteração significativa, fazendo a comunicação e dependência de ambos algo irreversível. A intervenção do Estado na economia, além de indicar um fato político consumado, modifica profundamente a relação Estado/sociedade e incide sobre as formas legislativas, sobre a representação política e sobre a determinação das funções do Estado, agora acrescidas de novas e múltiplas exigências.

Assim, as demandas políticas são elaboradas por um pequeno número de agentes, representantes de interesses minoritários da sociedade, geralmente os que concentram o maior índice de capital, o que legaliza a desigualdade de oportunidades sociais e políticas e reduz o cidadão ao papel de simples consumidor dos produtos políticos. De uma certa forma até paradoxal ou dialética, a inquestionável expansão da cidadania - massificada ou não - incorpora as grandes populações ao processo político e coloca o tema da representação no centro dos debates sobre o fundamento do poder normativo, resultando daí o seguinte questionamento: como tomar decisões vinculantes e legítimas em contextos sociais tão complexos?

Diante de tal quadro, os operadores do direito, amarrados a paradigmas rigorosos e conservadores de análise jurídica, criados pelo modelo liberal do Estado do século XIX, e a própria ciência do direito, não conseguem resolver satisfatoriamente diversos enigmas da noção de representação, por absoluta falta de categorais e saberes multidisiciplinares voltados à sociologia, filosofia, economia e política. Conforme Campilongo[199], o senso comum popular que desacredita das instituições representativas é alimentado por um senso comum teórico dos juristas, que faz uma rígida diferenciação entre direito e política, direito e economia, e se contenta por oferecer alternativas meramente formais à problemática das instituições representativas.

De outro lado, toda esta situação criada pelo modelo liberal de Estado vai gerar como explicação do ocorrido uma certa apatia das massas, causa do surgimento de um sistema político que prima pelo disfarce das questões e pela ausência de responsabilidade dos representantes para com os representados, quando não nega a existência desta realidade.

Se é certo que o tema da representação política tem de ser enfrentado com cautela, não é errado afirmar que a fórmula de representação preconizada pelo modelo liberal já se mostra débil em sua sustentação teórica e

---

[199] Campilongo, Celso Fernandes. *Representação Política*. São Paulo, Ática, 1988, p. 49.

empírica, o que motiva novas reflexões objetivando sua superação[200].

Apesar da descrença que atinge os representantes e as instituições representativas, a representação política continua sendo um instrumento de direção e implementação de políticas públicas, até porque a capacidade diretiva dos sistemas políticos, que podem ser democráticos ou não - conforme critérios que serão verificados no próximo capítulo - depende da habilidade na execução das decisões (conformação com as pautas de prioridades previamente definidas), e a arregimentação de respaldo para essas decisões exerce um papel importante no processo - senão definitivo -; as instituições representativas - oficiais ou não - geralmente oportunizam este respaldo.

Se a separação de poderes busca forjar um mecanismo de freios e contrapesos para demarcar as atividades e responsabilidades do Estado, tal desiderato não se implementa com certa globalidade porque, como instrumentos que são, tais institutos são acessados por grupos sociais que rompem com os vínculos de representação que originariamente os criaram, gerando uma apropriação do aparelho Estatal e, a partir daí, implementam políticas de desenvolvimento setorial da sociedade.

---

[200] Interessante, neste sentido, analisar novamente Campilongo, op. cit., quando adverte ser o enfoque tradicional da representação, do processo decisório e do governo insuficientes para avaliar-se a questão do Estado e da Sociedade Civil.

TEORIA DO ESTADO
Cidadania e poder político na modernidade

151

Capítulo VI

Poder Constituinte, Constituição e cidadania

1. Localização do problema e seus aspectos histórico-filosóficos

As doutrinas que enfrentam a questão do Poder Constituinte têm como marco histórico referencial a irrupção da Revolução Inglesa de 1688, e, a partir dela, também os movimentos revolucionários americano e francês[201].

Durante os cem anos que perpassam entre o final do século XVII e o final do século XVIII, novas instituições surgem no cenário internacional, substituindo o modelo feudal com seus estamentos e corporações.

Importante, neste aspecto, ter presente o tipo de relação social que se estabelece no centro do feudalismo, pois ter-se-á condições de perceber melhor quais os elementos vindouros e suas verdadeiras justificativas.

O senhor feudal, como se sabe, detém uma jurisdição e domínio sobre a terra a qual dominava, bem como sobre as pessoas que estavam sobre esta terra. A vida econômica organizada ainda pelo sistema de corporações,

---

[201] "El término ha sido probablemente introducido por primera vez en el curso de la revolución americana, pero ello está dentro del desarrollo del pensamiento político de los siglos del renacimiento, entre el quince y el dieciocho, como noción ontológica de la capacidad formativa del movimiento histórico". Negri, Antonio. *El Poder Constituyente. Ensayo sobre las alternativas de la modernidad*. Madrid, Libertarias/Prodhufi, 1994, p. 44.

o que vai perdurar basicamente até a Revolução Francesa, explicita uma estrutura laboral pré-industrial, com preocupações financeiras voltadas às prioridades estabelecidas ainda pelos estamentos de decisão da época: nobreza e clero.

Com o desenvolvimento deste modelo, as corporações que habilitam trabalhadores e ofícios ao mercado de então, vão formando uma nova categoria social, que, aos arredores dos feudos, iniciam a construção de habitações/cidades, denominadas de burgos.

O sistema de representação política nesta estrutura social, sem dúvidas, é meramente formal, apesar de o Rei buscar a consulta das categorias representadas pelo Clero e pelo Terceiro Estado, o que se faz, aliás, pela votação por estamento, oportunizando maioria garantida ao Rei, já que conta com o apoio quase incondicionado do Clero.

> "Mientras el Estado y el rey o el Estado y la aristocracia dominante constituían una entidade política inseparable, con exclusión de la clase media y de la masa popular o pueblo, la Carta, el Fuero, el Privilegio, el Estatuto o la Constitución, eran simples reglas escritas o consuetudinarias concedidas o admitidas de buen o mal grado por los gobernantes, en ejercicio de sus poderes discrecionales intocables e inaccesibles a la voluntad nacional, inexistente entonces. Con el advinimiento del nuevo orden político encauzado por los escritores de los siglos XVII e XVIII y concretado en la Revolución Francesa, la clase media y la popular se sintieron igualmente dueñas de pensar en sus propios destinos y buscar las formas definidoras de esas aspiraciones."[202]

---

[202] Longhi, Luis R. "Historia Constitucional Argentina". *In* Vanossi, Jorge R. *Teoría Constitucional*, Buenos Aires, Depalma, 1975, p. 8.

Com as contribuições teóricas dos contratualistas - o que já foi visto em capítulo anterior -, o modelo de organização social feudal e o Estado absolutista sofrem um desgaste profundo, pois o homem passa a figurar na teoria política como anterior ao Estado, o que impõe limites a atividade e poderes deste.

Tem-se oportunidade de verificar, assim, o surgimento de um Estado com competências e atribuições delimitadas por conceitos construídos com o novos tempos da modernidade, como: liberdade, igualdade, autonomia da sociedade civil regulada por códigos de mercado, etc. É a partir daquilo que o homem pode fazer por si mesmo que ao Estado é proibido realizar ou intervir. Sua função passa a ser a de garantir a ordem, a defesa de seu território, a seguridade social, a educação, e assim por diante.

O melhor instrumento que poderá ordenar estes regramentos sobre competências e atribuições, de uma maneira neutra e racional (sob a ótica liberal), é a Lei; entretanto, para que vincule inclusive o Estado ao respeito da mesma, ela deverá ter um *status* diferenciado, capaz de efetivamente obrigar a todos os entes políticos: o de Lei Constitucional.

É no final do século XVIII que surgem no cenário ocidental as primeiras constituições modernas, que institucionalizam e estruturam o Estado como sujeito político e jurídico, com direitos e obrigações, ao mesmo tempo que estabelecem garantias e prerrogativas à sociedade civil.

2. As várias abordagens do Poder Constituinte

Em termos históricos, parece que foi Sieyés um dos principais articuladores da idéia de Poder Constituinte no período da Revolução Francesa. Nesta época - novembro de 1788 a janeiro de 1789 -, publica três obras de significativa influência política nos debates constitucionais: *Ensaios sobre os privilégios; Pontos de vista sobre os meios de execução de que os representantes da França poderão dispor em 1789; O que é o Terceiro Estado?*

Influenciado por Locke, Sieyés trabalha a idéia fundamental dos direitos do homem, entendendo que a sociedade política só precisa garantir os direitos individuais inerentes à qualidade de homem, anteriores e superiores à organização social.

Tal garantia fere frontalmente os privilégios dos estamentos então existentes na França do final do século XVIII: realeza e clero, que, num universo aproximado de vinte e cinco milhões de habitantes, preocupam-se exclusivamente com os interesses de cerca de duzentos mil homens.

Para Sieyés, a assembléia do Terceiro Estado representa estes vinte e cinco milhões de habitantes, e, assim, preocupa-se com os interesses de toda a Nação[203]. A preocupação e tese do autor, a despeito de estimulante, reclama fundamentos mais convincentes, calcados no racionalismo, no sentido de como legitimar este Terceiro Estado.

> "Hay que dar consistencia institucional a esos principios, y de eso se ocupará Sieyés: primero, con la igualdad, aplicándola a la libertad civil como también a la libertad política, de donde surgirá con toda fuerza la doctrina de la representación política como mejor vía para verificar la tan ansiada voluntad general; segundo, con la libertad, ideando los órganos y mecanismos idóneos para su más eficien-

---

[203] Sobre a concepção de Terceiro Estado em Sieyés, interessante observar a reflexão de Antonio Negri, *in El Poder Constituyente*, op. cit., p. 265: "La definición del Tercer Estado es una definición económica y sobre este contenido económico se plasman los otros conceptos, desde el de nación al de representación, desde el de poder constituyente al de poder constituido. Sieyés presenta la sociedad como un conjunto laborioso, unido y compacto que se rige por el trabajo social organizado de la burguesía y cuyo desarollo se obstaculiza por la contradicción entre el trabajo y las funciones públicas."

te protección de los poderes añadiéndole la pieza que le faltaba, o sea, la concepción de un poder constituyente como autor y responsable de la formación de los poderes constituídos."[204]

Partindo do pressuposto de que a representação política é a grande fórmula para a organização do poder do Estado, Sieyés equipara a vontade geral soberana do povo-Nação à dos seus representantes - a qual Rousseau exigia que fosse expressa diretamente pelo povo em corpo[205].

Uma vez construída a fórmula de acesso ao poder político, via representação, resta agora descobrir quem irá representar a Nação (categoria absolutamente neutra de significados ideológicos, capaz de aplacar todas as diferenças sociais e econômicas existentes à época)[206].

Para compor estes representantes, o autor exige que não sejam simples portadores de votos com mandato imperativo, amarrados por seus comitentes, mas que espelhem a maneira de ser que a Nação efetivamente possui.

Sieyés destaca, neste momento, dois tipos de representantes: os ordinários e os extraordinários. Os primeiros estão encarregados de exercer, nos termos da Constituição, atividades executivas necessárias à boa administração, estando seu poder limitado aos assuntos

---

[204]Vanossi, Jorge R. *Teoría Constitucional*, op. cit., p. 12/13.

[205] "Después de vaciar el concepto rousseauniano de voluntad general de cualquier posibilidad de radicación democrática, después de llevar a cabo esta reducción a través de la construcción de un mecanismo representativo completamente calcado sobre la división del trabajo, Sieyés realiza el último juego de prestidigitación: transforma esta representación en un absoluto jurídico, en sede exclusiva - pero todavía no en fuente exclusiva - de la soberanía". Negri, Antonio. *El Poder Constituyente*, op. cit., p. 271.

[206] Para Sieyés, a Nação se forma em razão do próprio desenvolvimento natural de um povo, pelo Direito Natural, independente de toda e qualquer regra constitucional ou não, enquanto o governo só pode pertencer ao direito positivo. Daí, a vontade nacional não tem necessidade senão de sua existência para ser legal, pois ela é apresentada como a origem de toda a legalidade.

de governo. Os representantes extraordinários, por sua vez, têm atribuições maiores, que dizem respeito à própria ordenação jurídica da sociedade, eis que a nação não pode reunir-se todas as vezes em que situações fora do comum exijam. Estes representantes não são parlamentares para um só assunto ou por um único tempo, pois estão no lugar da própria Nação, e, portanto, tem vontade suprema a Constituição.

O autor equipara aos representantes extraordinários o Terceiro Estado, pois se trata da maioria, os verdadeiros depositários da vontade nacional.

Enfim, quem pode fazer parte do poder constituinte?

"El derecho a hacerse representar no pertenence a los ciudadanos sino a causa de las cualidades que les son comunes, y no de aquellas que los diferencian. Las desigualdades de propiedad y de industria son como las desigualdades de edad, sexo, talla, etc. No desnaturalizan la igualdad del civismo."[207]

Constata-se agora, com mais facilidade, que a identificação que o autor faz entre Terceiro Estado e Nação busca fundamentar a ascensão de uma categoria social emergente: a burguesia, sendo esta a elite representante do número majoritário de pessoas distantes dos pólos de decisão política dos reinos.

Como quer Ayala,

"la exposición de Sieyés significa un documento paradigmático del advenimiento de la clase burguesa al poder político, mediante una construcción o razonamiento por el cual se defienden los derechos de la burguesía, identificándola con la nación frente al Estado."[208]

---

[207] Sieyés, Emmamuel. *¿Qué es el Tercer Estado?* op. cit., p. 140.

[208] Ayala, Francisco. *La teoría del poder constituyente.* t.29. Buenos Aires, La Ley, Argentina, 1982, p. 874.

Na verdade, a teoria do poder constituinte a partir de Sieyés vai buscar fundamentar a necessária mudança do modelo político das Monarquias Absolutas através de uma proposta de representação política que mantenha intacta a ordem e a estrutura econômico-social da Nação, e também oportunize o surgimento de uma sociedade moderna, assegurando o trabalho e a liberdade dos homens na cidade (espaço criado para a implantação de um poder político dito democrático e público).

Depois de Sieyés, vários outros autores abordam o tema do poder constituinte, alguns seguindo a mesma estrutura de reflexão adotada até então, como Maurice Hauriou[209], que parte da tese jusnaturalista de que existe uma superlegalidade constitucional, que prescinde de um poder constituinte originário para instaurar a nova ordem. Este Poder Constituinte é necessariamente revolucionário, surgindo nos momentos de maior câmbio social. Entretanto, o autor não enfrenta com clareza como se forma e quais as atribuições específicas e políticas deste Poder.

Um dos personagens teóricos de maior relevância no estudo do tema sob comento é Carl Schmitt, pensador alemão do início do século XX, doutor pela Universidade de Estrasburgo e professor das Universidades de Greifswald, Bonn, Colônia e Berlim.

Schmitt, em sua trajetória de formação política, tem profundas ligações com o 3º Reich, principalmente a partir de 1932, como fiscal do governo alemão na tomada da Prússia, desempenhando a partir dali funções no alto escalão oficial.

Em 1928 vem à luz um de seus livros mais famosos: *Teoría de la Constitución*[210], onde desenvolve o postulado do decisionismo político que irá demarcar todas as suas reflexões posteriores.

---

[209] Principalmente na obra *Derecho Público y Constitucional*. Madrid, Reus, 1967.

[210] Schmitt, Carl. *Teoria de la Constitución*, op. cit.

"Poder constituyente es la voluntad política cuya fuerza o autoridad es capaz de adoptar la concreta decisión de conjunto sobre modo y forma de la propia existencia política, determinando así la existencia de la unidad política como un todo."[211]

A visão do mundo jurídico de Schmitt vai de encontro ao normativismo e ao racionalismo, sustentando que a criação jurídica estatal exsurge de um trabalho e ação meramente volitiva a qual denomina de decisão política. A natureza desta decisão quer demonstrar, de um lado, que inexiste uma separação entre o político e o jurídico, pois o primeiro antecede o segundo, e, de outro lado, sob a ótica constitucional, um sistema jurídico-político será tanto mais valioso quanto mais decida as questões fundamentais da organização política de um Estado, ou quanto mais estabeleça os procedimentos destinados a que certos órgãos tomem estas decisões.

No tópico seis da *Teoría de la Constitución*, Schmitt realiza um estudo sobre o nascimento da Constituição, afirmando que é somente com a Revolução Francesa de 1789 que surge uma Constituição moderna, com elementos liberais e democráticos.

Neste particular, assevera o autor que:

"El poder constituyente presupone el Pueblo como una entidad política existencial; la palabra Nación designa en sentido expresivo un Pueblo capaz de actuar, despierto a la conciencia política."[212]

Em outras palavras, partindo-se do pressuposto de que o poder constituinte é o resultado da mobilização popular e social, organizada na Nação, explicitando suas demandas e projetos de vida para serem objetivados e protegidos por uma entidade garantidora de tais

---

[211] Idem., p. 86.

[212] Idem, p. 57.

prerrogativas, conclui-se pela ratificação da premissa rousseauniana do pacto social como fundamento e legitimidade deste poder.

Entretanto, quando vai ponderar qual a relação que se estabelece entre Povo e Constituição ou ordenamento jurídico infraconstitucional, o autor cai no lugar comum das instituições políticas tradicionais de participação social.

Isto ocorre em razão da concepção que tem de povo e das relações que se travam em torno dele:

"a) El Pueblo, como titular del poder constituyente, no es una instancia firme, organizada. Perdería su naturaleza de pueblo si se erigiera para un normal y diario funcionamento y para el despacho ordinario de asuntos. [...]. Hoy se fija, en la práctica política de la mayor parte de los países, la voluntad del pueblo mediante un procedimiento de votación secreta o elección secreta...'

b) [...]. La voluntad constituyente del Pueblo se manifiesta siempre en su sí o no fundamental y adopta así la decisión política que da contenido a la Constitución.'

c) La voluntad constituyente del pueblo es inmediata. Es anterior y superior a todo procedimiento de legislación constitucional. Ninguna ley constitucional, ni tampoco una Constitución, puede señalar un poder constituyente y prescribir la forma de su actividad. La ulterior ejecución y formulación de la decisión política adoptada inmediatamente por el pueblo requiere alguna organización, un procedimiento, para el cual ha desarrollado la práctica de la moderna Democracia ciertas prácticas y costumbres de que ahora trataremos.'

En la Democracia moderna se ha formado la práctica de una llamada Asamblea nacional constituyente democrática, es decir, elegida según los postulados fundamentales del sufragio universal e igual, como procedimiento democrático reconocido."[213]

Não bastasse isto, ainda afirma o autor que o caráter da decisão política será absolutamente neutral com respeito aos valores e às ideologias, negando inclusive a existência de um direito natural que seja condicionante do direito positivo.

Em outro texto escrito em 1931, Schmitt confirma sua posição frente ao decisionismo:

"[...] en toda a decisión, incluso en la de un tribunal, que en forma procesal realiza subsunciones de tipo concreto, existe un elemento de pura decisión que no puede ser derivado del contenido de la norma. Yo he propuesto para dicho elemento la denominación de decisionismo."[214]

Diante de tal postura, exacerbada a partir de 1933, com sua maior aproximação ao nacional-socialismo[215], o autor simplesmente desconsidera o instrumental teórico e político edificado com o advento do Estado de Direito, como: a despersonalização do poder, a legalidade geral e abstrata, a função dos partidos políticos, o sistema de garantias, a separação dos poderes, as funções do parlamento, o reconhecimento, a despeito de formal, do pluralismo político e outros.

Também no início do século XIX, outra figura brilhante do pensamento político contemporâneo, Hermann Heller, deixa, a despeito de inacabada, obra importantíssima na análise do Estado e da própria Teoria Constitucional: *Teoría del Estado*[216].

---

[213] *Teoría de la Constitución*, op. cit., p. 95, 96 e 97.

[214] Schmitt, Carl. *La defensa de la constitución*. Barcelona, Labor, 1931, p. 60.

[215] A partir desta data, Schmitt trabalha com a teoria da ordem concreta, na obra *Über die drei Arten des rechtswissenschaftlichen Denkens*, com o que defende a substituição da vontade ou decisão política da comunidade pela vontade ou decisão do *Führer*.

[216] Heller, Hermann. *Teoría del Estado*. Madrid, Fondo de Cultura Económica, Espanha, 1987.
É importante referir que Heller, enquanto professor de direito público em

Contrariando as posições de Schmitt e Kelsen, Heller defende uma visão ampla e sistêmica de Constituição, concebendo-a como formada por aspectos não-normatizados e normatizados. A primeira pertence ao mundo do ser, sendo objeto da ciência da realidade, estando formada por motivações naturais comuns, voltadas ao empirismo das condutas humanas, pelo que se poderá nominá-la como a infra-estrutura não-normatizada da Constituição.

Tal normalidade, enfatizada pelo autor, pressupõe a existência de uma regra de previsão comum a determinada sociedade ou ambiente político, bastando observar o que sucede em determinados períodos de tempo para verificar a repetição da conduta humana. Cria o autor, a partir daqui, uma romântica crença de que é possível se estabelecerem pautas de cooperação social com vistas à unidade e ordenação da organização.

No que tange à tese da Constituição normatizada, ela diz respeito ao mundo do dever-ser, objeto da ciência cultural que a estuda a partir de um sistema jurídico. Esta Constituição se implementa a partir de alguns pressupostos: a) a existência de regras empíricas de previsão/normalidade; b) critérios positivos de valoração do agir.

Assim, a normatização da Constituição proposta por Heller pode se dar extrajuridicamente, através de princípios éticos de direito, como o costume, a moral, a religião, imprescindíveis enquanto normas sociais de ordenação e como auxiliares no processo de interpretação judicial; ou juridicamente, através do sistema jurídico positivado, garantido pelos instrumentos estatais de coerção física legítima[217].

Berlin no ano de 1928 e em Frankfurt, de 1932 a 1933, presenciou a ascensão e tomada do poder pelo partido do nacional-socialismo e Hitler, tendo de se refugiar em Madrid em 1933, onde veio a falecer, aos 42 anos.

[217] Aqui o autor faz referência aos três modelos de Constituição idealizados: 1º) Constituição Jurídica Destacada, 2º) Constituição Jurídica Objetivada, 3º) Constituição Jurídica Escrita.

Sem dúvida, esta concepção de Heller diz respeito diretamente a sua visão de mundo e de Estado, este como uma unidade da ação humana que atua na realidade social. O autor concebe a existência de uma cooperação de comportamentos individuais visando ao objetivo maior, que é a unidade real da organização como unidade de ação.

Esta unidade de ação, todavia, não supõe uniformidade de opiniões, porém, nem as discrepâncias ou os diferentes pontos de vista destroem a vontade comum, pois o Estado não poderá existir sem esta vontade comum que se funda na comunhão de valores prestigiados volitivamente, que resulta num processo de ordenação e de acomodação dos indivíduos e de seus interesses à convivência social.

De outro lado, há que se ponderar que, com a só manifestação desta unidade volitiva, não se vê garantida a organização social e estatal. É necessário que tal unificação de vontades tenha o caráter de unidade de dominação, e, assim, o Estado se distingue dos demais grupos comunitários, em razão de seu caráter de unidade soberana de ação e de decisão.

Com estes elementos já destacados, Heller assevera que a Constituição de um Estado é sempre produto de um processo de formação e discussão política que inicia desde as condutas humanas mais singulares não-normatizadas e vai, daqui, até a normatização de regras jurídicas ou não-jurídicas, demarcadoras do lícito e do ilícito, do permitido e do proibido[218].

Considerando-se que Heller pouco escreve sobre o tema exclusivo de Poder Constituinte, a estrutura de seu

---

[218] "En síntesis, para Heller puede ocurrir: a) que la constitución no-normada y la normada coincidan: expresión de la realidad; b) que ambas constituciones no coincidan: contra la realidad, falta la confirmación en la vida humana, la normatividad pierde su fuerza normalizadora; c) por lo tanto: la constitución real consiste siempre en las relaciones reales de poder". Vanossi, Jorge R. *Teoría Constitucional*, op. cit., 113.

pensamento, de uma certa forma, autoriza concluir, da análise até agora realizada, que o constituinte (figura jurídica abstrata no discurso helleriano)[219] deva simplesmente apresentar a constituição como um plano e uma oferta de ordenação social/estatal, conforme as reais demandas da vida social.

"Heller sustenta que a Constituição do Estado coincide com a sua organização, isto é, visualiza a Constituição como o texto organizador do Estado. Dentro de sua concepção dialético-integral, o autor defende que a Constituição política total deve ser entendida como a conexão do mundo do ser com o mundo do dever ser, ou seja, a Constituição compreende não só a Constituição escrita, mas também a Constituição real, que é a própria realidade social. Assim, Heller, seguindo a mesma linha de desenvolvida por Ferdinand Lassalle, enfatiza que a Constituição escrita deve estar sempre em consonância com a realidade social."[220]

Ora, as demandas sociais recém-faladas, direta ou indiretamente, são filtradas/construídas pela leitura que faz delas um sujeito constituinte, nada abstrato e tampouco ideologicamente neutro, mas pertencente a uma classe social determinada. Entretanto, para o autor, este constituinte "sólo puede ser una unidad de voluntad capaz de decisión y acción"[221], ou seja, aquele que formalmente tem acesso aos meios de decisão já instituídos: partidos políticos, parlamento, Poder Executivo, etc.

Tais instâncias de poder estão marcadas por uma representação política tradicional, na maioria das vezes

---

[219] "Puede considerarse como poder constituyente aquella voluntad política cuyo poder y autoridad esté en condiciones de determinar la existencia de la unidad política en el todo". Heller, Hermann. *Teoría del Estado*, op. cit., p. 298.

[220] Farias, José Fernando de Castro. *Crítica à noção tradicional de poder constituinte*. Rio de Janeiro, Lumen Juris, 1988, p. 52.

[221] Heller, H. *Teoría del Estado*, op. cit., p. 297.

distantes de bases populares e representando corporações privadas e segmentos minoritários da sociedade.

Já no final do século XIX, em razão dos movimentos operários deflagrados em toda a Europa, uma outra vertente de preocupações científicas e jurídicas eclode, cujo pensamento constitucional, a despeito de não muito sistemático, pode ser indicado na obra de Ferdinand Lassale, principalmente o texto *Sistema dos Direitos Adquiridos* (1861) e *Sobre a Constituição* (1863).

Advogado, judeu e sindicalista, Lassale caracteriza sua obra doutrinária pelo enfrentamento de questões polêmicas como o sufrágio universal, igual e direto para os operários na escolha dos governos; necessidade de as classes menos favorecidas e principalmente os operários se unirem em torno de um Partido Político que efetivamente os represente nas esferas de decisão.

Influenciado pela doutrina de Karl Marx[222], com quem inclusive participa na revolução prussiana de 1848, Lassale enriquece o debate sobre temas políticos voltados à doutrina do direito público, especialmente o constitucional.

O texto *Sobre a Constituição* ou a tradução brasileira, *A Essência da Constituição*[223], provém de dois textos anteriores escritos por Lassale: *Aos Trabalhadores de Berlin*, escrito em 1863, que desenvolve a tese do sufrágio universal; *Força e Direito*, escrito também em 1863, no qual estabelece um debate de discordância sobre as premissas políticas defendidas pelos liberais de sua época.

---

[222] É de se registrar que Lassale não pode ser enquadrado como seguidor da matriz teórica do marxismo clássico, especialmente no âmbito do materialismo histórico e dialético, pois é o próprio Karl Marx que, no texto *Crítica ao Programa de Gotha* (*Obras Escolhidas*. São Paulo, Alfa-Ômega, 1985, p. 203/225), estabelece uma severa crítica a este autor sobre a organização do movimento operário.

[223] Lassale, Ferdinand. *A Essência da Constituição*. Rio de Janeiro, Liber Juris, 1988.

Este autor acredita que toda a Constituição possui fundamentos sociológicos e estes são denominados de fatores reais do poder; em outras palavras, são agentes sociais que interferem direta ou indiretamente nas instâncias de poder formais ou informais, como: banqueiros, industrais, grandes comerciantes, etc. Tais agentes buscam institucionalizar costumes e tradições que irão se transformar em normas fundadoras da Constituição.

Alega Lassale que os problemas constitucionais não são problemas de direito, mas do poder, e, portanto, mister é que se enfrente quais os reais e efetivos fatores - que não são só jurídicos - que determinam o modelo de Constituição adotada, para se aferir se estão ou não em sintonia com as demandas sociais majoritárias[224].

Isto significa dizer que o próprio tema do Poder Constituinte tem de ser abordado com uma visão transdisciplinar, superando o formalismo reducionista da cultura jurídica dogmática, buscando problematizar as projeções políticas, sociais, econômicas e mesmo filosóficas que a matéria enseja.

Pela falta de aprofundamento dos temas tratados, preocupado em construir instrumentos teóricos para o desenvolvimento da social democracia no momento em que ela está se formando, principalmente na Alemanha, o autor deixa muitas questões sem resposta, como: quais

---

[224] Esta conclusão é nossa, já que o autor em nenhum momento enfrenta ou esclarece a relação entre fatores reais do poder com a questão da legitimidade deste poder e das maiorias não representadas pelos mecanismos oficiais instituídos.

No capítulo III do livro *A Essência da Constituição*, Lassale faz uma associação que leva a crer ter identificado a base de uma Constituição legítima com os anseios da maior parte da população: "Somente o fato de existir o grito de alarme que incite a conservá-la *(a Constituição)* é uma prova evidente da sua caducidade para aqueles que saibam ver com clareza. Poderão encaminhá-la para a direita, se o Governo julgar necessária essa transformação para opô-la à Constituição escrita, adaptando-a aos fatores reais do poder, isto é, ao poder organizado da sociedade. Outras vezes é o poder inorgânico desta que se levanta para demonstrar que é superior ao poder organizado." Op. cit., p. 48.

as formas de se resgatar a participação consciente e crítica do povo no processo de decisão política do Estado? Qual o modelo de Estado e de Democracia que se pretende à modernidade? Que instrumentos deverão ser implementados para a consecução e proteção dos direitos fundamentais? Entre outras.

Por outro lado, as especulações de Lassale, sem sombra de dúvida, põem em xeque a lógica da racionalidade jurídico-formal e abrem a discussão sobre a eficácia das leis.

3. Legitimidade e titularidade do Poder Constituinte

Discutir a questão da titularidade e da legitimidade do poder constituinte significa enfrentar criticamente a forma tradicional com que principalmente os juristas vêm interpretando o próprio poder constituinte e a idéia de poder subjacente em suas ponderações discursivas.

Em geral, a cultura jurídica do Ocidente encara a idéia do poder como inserido e objetivada no Estado, de forma que, para a dogmática do direito público, a noção de poder se resume à teorização jurídica sobre o Estado, ficando reduzida, por exemplo, ao problema colocado por Montesquieu em relação à separação dos poderes ou equilíbrio dos poderes, sem se fazer qualquer referência às práticas sociais que dessa forma se organizam. Assim, o poder não é considerado por parte significativa dos juristas com todas suas manifestações econômicas, políticas, sociais, culturais e ideológicas, impondo-se a procura de conceitos que levem em conta todas as suas manifestações e complexidades.

O poder, buscando romper com a visão conservadora de atributo do Estado em sua conformação jurídica, tem de ser encarado como historicamente determinado, cujas configurações variam qualitativamente segundo as diferentes formações sociais que se têm verificado na história.

Numa perspectiva weberiana, a análise do poder se dá de forma relacional entre governantes e governados, sendo que o seu exercício não se apóia apenas na coerção física, na força ou na violência, mas se exerce, fundamentalmente, com um critério que é exterior aos governantes, ou seja, é exercido com a aceitação dos governados. Esta noção implica a conexão entre relações/atitudes sociais e valores que traduzam as justificativas internas pelas quais os governados aceitam os comandos e as obrigações jurídicas impostas pelos governantes.

Da mesma forma, o conceito de dominação de Weber delimita uma concepção de poder que melhor esclarece este tema tão polêmico, pois identifica a relação de poder como uma relação de mando/obediência. O elemento que caracteriza a dominação repousa na existência da obediência, ou consentimento. Assim, para este autor, a dominação é a probabilidade de que uma ordem com um determinado conteúdo específico seja seguida por um dado grupo de pessoas.

Pode-se dizer, a partir de Weber, que a ordem constitucional e jurídica deva ser aceita pelos governados na medida em que estes reconheçam como válidos e necessários os valores/princípios que justificam as obrigações jurídico-políticas impostas por aquela.

Em outras palavras, o poder não se impõe por si próprio, tampouco a ordem instituída, eis que não possuem legitimidade a partir de seus comandos normativos ou políticos; tampouco a obediência e a submissão são deveres por tais fundamentos, mas é necessário e imprescindível que a obediência se apóie no reconhecimento e no consentimento por parte dos governados, senão todos, ao menos a maioria.

Poder-se-ia referir que também o poder constituinte deva ter como parâmetro de sua avaliação a questão da legitimidade, ou seja, das ideologias, crenças ou valores que justificam a realização da relação de mando e de obediência. Não é assim, a justificativa do poder constituinte passa a ser a de um poder instituído a partir de normas jurídicas postas e inquestionáveis, anulando-se os significados transdisciplinares da problemática.

Quando se trata da questão da legitimidade, um dos autores anteriormente citados, Hermann Heller, a enfrenta a partir da existência de valores que justificam a relação de dominação numa dada sociedade. Aqui, o poder político/constituinte, para ser legítimo, deve ser justificado segundo princípios éticos de direito, que não se confundem com o direito positivo ou com princípios jusnaturalistas; mas, por outro lado, alerta para o fato de que as decisões políticas não podem, sem normatividade, produzir efeitos, ou seja, este poder atinge sua validade através da norma.

É a idéia de legitimidade racional-legal criada por Weber que melhor dá os contornos do exercício tradicional de poder no Estado Moderno, já que este é legitimado fundamentalmente na despersonalização de tal atividade.

A crença na legalidade do ordenamento jurídico (e suas instituições) instituído e nos direitos de ordem e obediência que este ordenamento confere à autoridade legal, faz com que os governados obedeçam às determinações impessoais e objetivas do governo, veiculadas pelos termos das normas positivadas.

"O conjunto das regras de direito constitui um mundo abstrato de prescrições técnicas ou de normas. Cabe à justiça a aplicação das leis gerais aos casos particulares, enquanto a administração tem por objeto proteger os interesses nos limites da regra de Direito, graças a órgãos instituídos para tal fim."[225]

---

[225] Farias, José Fernando de Castro. *Crítica à noção tradicional de poder constituinte*, op. cit., p. 88.

No discurso do Estado Liberal sobre o poder constituinte, seu significado está muito mais atrelado às limitações jurídico-formais da representação política, estabelecidas tanto pelo ordenamento jurídico como um todo, como pelos usos e costumes impostos pela nova classe social emergente, apoiando-se em conceitos vagos como vontade geral da nação, povo-nação, do que nas efetivas e majoritárias demandas sociais existentes.

Esta abordagem meramente jurídica da idéia de poder constituinte abstrai completamente dos conteúdos políticos, econômicos e sociais da questão, podendo ser utilizada em qualquer domínio do conhecimento ou de discursos, pois sua significação lógica e sistemática permanece inalterável, em nome da ordem e da segurança do todo social.

A legitimidade política do poder constituinte, se está fundada em valores historicamente realizáveis e socialmente atuantes, pressupõe o consentimento da maioria dos cidadãos, o que não pode ser veiculado somente através da representação política formal[226], mas deve encontrar formas de vinculação efetiva com a participação direta da cidadania, ao menos no debate público e popular dos temas políticos do cotidiano. Tal pressuposto

> "leva à compreensão do governo limitado, onde está presente a desconfiança dos destinatários do poder e a reserva de resistência, sempre que violadas as fronteiras que demarcam a democracia."[227].

No que tange à titularidade deste poder constituinte, não há dúvida de que, para o modelo liberal, é o Parlamento constituído para tal fim que detém este

---

[226] Até porque, tradicionalmente, as pautas políticas dos partidos se desenvolvem sobre meios de conquistar a massa amorfa dos eleitores, e, estes, na maioria das vezes, não têm outra opção senão a de escolher os representantes dos grupos em concorrência, selecionados de acordo com as regras do sistema criado.

[227] Faoro, Raymundo. *Assembléia Constituinte*, op. cit., p. 54.

atributo. Entretanto, desde os movimentos revolucionários do final do século XVIII, existem elementos políticos e teóricos que orientam o tema para outra direção; basta lê-los com olhos mais críticos.

Como se verificou há pouco, foi Sieyés quem estabeleceu uma relação de reciprocidade entre povo e poder constituinte, através da categoria Nação. Este povo é visto pelo autor como unidade política com capacidade de obrar e com consciência de sua singularidade política[228]. Assim, o poder constituinte não estará vinculado a formas jurídicas e procedimentais prévias, mas agirá sempre originariamente como elemento fundador da própria natureza política e social do homem.

É certo que o termo *nação* foi tratado de diversas formas pela história política do Ocidente (quando um monarca era declarado representante da Nação, no caso do Führer e do Duce, etc.); porém, hodiernamente, há um tratamento inadequado entre ela e Povo, casuisticamente construído pela cultura burguesa, principalmente

> "quando pensamos no sufrágio universal, pois torna-se patente que aqueles que falam em nome da Nação, através do voto, são também aqueles que constituem o povo, conjunto dos que vivem numa determinada comunidade."[229]

De uma certa forma, em termos de aproximação teórica, a vinculação da titularidade do poder Constituinte com a maioria dos cidadãos de um determinado Estado lembra a vertente rousseauniana de poder e governo legítimo, isto é, aquele que exige a participação de todos no processo político de discussões e decisões sobre os assuntos da Cidade.

---

[228] É importante que se lembre que a doutrina de Sieyés sobre a Nação permite a estruturação de uma representação-imputação, tornando-se representante da Nação quem ela assim designar.

[229] Barrufini, José Carlos Toseti. *Revolução e Poder Constituinte*. São Paulo, Revista dos Tribunais, 1976, p. 12.

Portanto, ou o poder constituinte, como criador de uma nova ordem política e jurídica, é exercido tendo presente sua vinculação e compromisso originário e representativo com toda a sociedade em questão, ou lhe falta legitimidade na operação do mandato, oportunizando, por via contrária, o direito à resistência e, talvez, até a desobediência civil diante do resultado do seu agir: a Constituição.

Defender esta tese significa, preliminarmente, reconhecer que o mundo atual se caracteriza pela complexidade e a interdependência social, política e econômica de todos os setores e grupos existentes, e, em razão disso, reconhecer a necessidade de novas formas sociopolíticas de organização e convivência social, adaptadas aos fenômenos da globalização econômica e cultural, aos fluxos migratórios do conhecimento e da cultura, a internacionalização dos intercâmbios, mediados por formas inter ou supra-estatais; significa reconhecer que qualquer tentativa de organização da sociedade civil passa necessariamente pela recepção de novas dimensões de sociabilidade ao lado das de classes, instituições, credo, religião ou sexo, como as que compreende os jovens, os anciãos, os consumidores, etc.

Ademais, urge impor limites à acumulação produtivo-destrutiva do capital e pautas mínimas de proteção do ecossistema, estabelecendo restrições à ocupação e uso do espaço, para que se faça de forma racional e não-predatória. Com tais posturas e comportamentos, talvez seja possível fundar o direito de resistência à ilegitimidade do poder político contemporâneo e aos procedimentos formais que pretendem justificá-lo, entre eles a Constituinte como representação jurídica máxima de limites ao exercício do governo em nome do povo. Mais do que resistência, pode-se renovar as práticas políticas, como práticas de transformação, concebendo o fazer-político na condição de fazer-cultural, enquanto interação fundamentalmente humana, que se reflete em determinados modelos ou propostas de Estado e Gestão de interesses efetivamente púbicos, criando um verdadeiro território de ação comunicativa.

4. Possíveis significados de uma Constituição

Como já vimos anteriormente, a idéia de Constituição, por mais popular que tenha se tornado nos últimos anos, especificamente a partir da discussão e publicação da Carta brasileira de 1988, ainda é tratada - quando o é - empiricamente, pela maior parte dos indivíduos no território nacional[230], motivo porque se apresenta como sensato tentar trazer-lhe um conceito cuja visibilidade e entendimento seja o mais amplo possível.

Em geral, o ensino em nível de primeiro e segundo graus no país costuma apresentar a Constituição como a sua Lei Magna; a Lei de todas as Leis; a Carta Política da Nação, assim como outros chavões do gênero, que igualmente não conseguem explicitar um mínimo de significado político-institucional inteligível.

Na verdade, ao se falar em Constituição, inevitavelmente tem-se em voga um complexo conjunto de informações que precisam ser resgatadas e colocadas como paradigma da discussão, principalmente elementos e fatores políticos e históricos que estão na base referencial dessa categoria.

Neste sentido, apesar do século XIII da era cristã registrar a experiência política de uma Inglaterra que discute, com João sem Terra, algumas inovações no campo político e de representação social, já prevendo algum tipo de organização jurídica mais eficaz e abrangente, é efetivamente nos séculos XVI a XVIII que vão se registrar os mais significativos exemplos de lutas visando ao surgimento de regras cogentes que viabilizem a

---

[230] Neste sentido a crítica de Chauí, Marilena. *Cultura e Democracia*. São Paulo, Cortez, 1989, p. 82.

preservação de conquistas políticas, principalmente da nova classe social emergente: a burguesia comerciante, oriunda da falência do regime feudal.[231]

Já antecipando os evidentes sinais da Idade Moderna, em plena vigência das especulações filosóficas do direito natural e canônico, surgem no cenário Europeu do século XVIII, contribuições teóricas definitivas à elaboração da idéia de Estado e Constituição, como, por exemplo, Thomas Hobbes, Rousseau, Jonh Locke, Nicolai Maquiavel, Jean Bodin, entre outros[232].

"Na verdade, do século XVII ao século XIX, a maioria das convulsões sociais e políticas que sacudiram a Europa e as Américas em violentos processos revolucionários não foi mais que a expressão das lutas realizadas primeiramente pela nobreza e depois pelo 'Terceiro Estado' - como era então chamado o povo, para obrigar seus reis a adotar uma Constituição que definisse com clareza as relações de poder entre o monarca e seus súditos ou, simplesmente, entre povo e governo"[233].

Os movimentos da Revolução Inglesa de 1688, Americana de 1776 e a Francesa de 1789, sem dúvida alguma troxeram os ingredientes suficientes à tomada de posição de alguns setores da sociedade pela exigência de instrumentos mais formais e objetivos que garantissem o estabelecimento das regras do jogo no âmbito da produção de bens e capitais, bem como regulassem os termos de mobilidade social e política dos indivíduos no centro de um novo mercado econômico que se formava[234].

---

[231] Com bem relata D'Entrèves, Alexandre Passerin. *La Dottrina dello Stato*. Torino, Giappichelli Editore, 1997, p. 123/152.

[232] Autores e obras citadas.

[233] Quirino, Célia G.; Montes, Maria de Lourdes. *Constituições*. São Paulo, Ática, 1996, p. 12/13.

[234] Há um estudo bastante pontual deste tema no trabalho de Horwitz, Morton J. *The Constitution of change: legal fundamentality without fundamentalism*. In: Harvard Law Review, Vol. 107, 1993, p. 62/74.

A partir destes fatos históricos, juntamente com a produção teórica dos pensadores supracitados, a organização dos homens em sociedade já não mais depende dos desígnios de Deus, representados na figura do monarca, mas se apresenta como responsabilidade dos próprios indivíduos que, sob a ficção contratual do pacto ou consenso (institutos advindos das relações contratuais do mercado econômico[235]), devem agora administrar seus interesses, definindo inclusive quem deve governá-los e como devem fazê-lo.

Para fugir da discricionariedade da nobreza e da Igreja, ainda detentoras de poder político significativo nos umbrais da Era Moderna, a criação de regras de comportamento e condutas que vinculassem a toda sociedade poderia servir de base à organização dos interesses em conflito. Para tal fim, nada melhor que uma cartilha de normas gerais e abstratas, por todos aceita, eis que fruto do livre arbítrio: a Constituição[236].

É de se ver que a Teoria Constitucional Americana, desde seus primeiros passos, resolveu delimitar, juridicamente, o campo de mobilidade política da nova sociedade e suas instituições, impondo ao Estado a tarefa de zelar pela obediência do então pactuado, devendo esse acatar e postar-se de acordo com os mandamentos legais, o que, teoricamente, resolveria o problema da arbitrariedade governamental, à luz do teorema da tripartição de poderes de Montesquieu[237].

---

[235] A partir da perspectiva rousseauniana de poder político, como assevera Pidart, Henry. *Le noveau contract social*. Paris, Puf, 1997, p. 38. Avaliamos este tema em nosso livro *Teoria do Estado: cidadania e poder político na modernidade*. Porto Alegre, Livraria do Advogado, 1997.

[236] Cumpre ressaltar que não olvidamos de toda a experiência grega e romana de cosntitucionalismo, todavia, ela se dá sob outros fundamentos, totalmente distanciados da Idade Moderna, centro de irradiação do novo conhecimento científico e político e momento em que o Constitucionalismo toma contornos de justificação e fundamentação mais racional.

[237] Também neste sentido Horwitz, Morton J. *The Constitution of change: legal fundamentality without fundamentalism*, op. cit., 182.

"Con los avances de la burguesía liberal, la libertad burguesa se convirtió en el criterio adecuado, no para la vida política del Estado en general, y sobre todo no para su política exterior, es cierto, per sí en el terreno de la legislación constitucional. El ejemplo de los Estados Unidos de América y de la Constitución de la Revolución Francesa dió su impronta a este tipo y fijó el esquema de esta especie de Constituciones: sólo se se considerarían Constituciones liberalels, dignas del nombre de 'Constitución', aquellas que contuvieran algunas garantías - ya a discutir- de la libertad burguesa."[238]

Assim, desde a Idade Moderna, tem-se como valor formal de fundamentação da organização política de um povo, o pressuposto do Estado de Direito, defendido pela atual Constituição Brasileira, em seu art.1º - agregado de um elemento axiológico que é o *Democrático*, e a Tripartição dos Poderes, estabelecido pelo art. 2º do mesmo diploma legal. Significa dizer, em outras palavras, que o Estado e a sociedade civil deve pautar suas existências pelos ditames daquilo que é permitido e proíbido pela Constituição e pela Lei, sob pena de, não o fazendo, sofrer as sanções previamente codificadas.

Conforme Edgar Bodenheimer[239], desde Montesquieu a Constituição, além de delimitar a expressão formal do poder do Estado, regula o conjunto da vida social, fixando as normas pelas quais se devem pautar, por um lado, as relações entre grupos sociais autônomos e soberanos - Estados Nacionais, e por outro, no interior do próprio Estado, as relações entre governantes e os cidadãos, e as relações dos governantes entre si.

Pôr outro lado, a contemporânea Teoria Constitucional tem insistido, ao menos na linha de pensamento

---

[238] Schmitt, Carl. *Teoría de la Constitución*. Madrid, Civitas, 1964, p. 43.

[239] Bodenheimer, Edgar. *Teoria del Derecho*. México, Fondo de Cultura Económica, 1996, p. 117.

de Petere Häberle, que não existe norma jurídica, senão norma jurídica interpretada. Ou seja, interpretar um ato normativo nada mais é do que colocá-lo no tempo ou integrá-lo na realidade pública, entendida, aqui, como espaço de conflituosidade e embates ideológicos e políticos que caracteriza a cotidianeidade de nosso tempo. Desta forma, passa a reconhecer que a norma - fundamentalmente a constitucional - não é uma decisão prévia, simples e acabada, mas, ao contrário, tem-se, necessariamente, que indagar sobre os participantes orgânicos no seu desenvolvimento e implementação/concretização funcional.

Visto desta forma, parece que já se pode avançar nas considerações levadas à cabo, avaliando e tentando demonstrar a viabilidade política e jurídica do conceito de cidadania e cidadão.

5. Possibilidades conceituais da cidadania

O conceito de cidadão, para ser enfrentado, precisa de igual forma ser contextualizado, *i.e.*, necessita de uma abordagem histórica e social.

Etimologicamente, a categoria cidadão remete o estudo à idéia de cidade, e essa, por sua vez, resgata o tratamento dado à matéria pelas culturas clássica e antiga[240].

A pólis grega, especificamente no âmbito de Atenas, Esparta e Tebas, tinha uma composição social formada de homens livres, ou seja, homens com um acentuado nível de consciência política e ética dos seus deveres (naturais ou morais) para com a comuna a que

---

[240] É possível afirmarmos isto em face da análise, por exemplo, de Aristóteles. *Ética a Nicômaco*. Brasília, Edunb, 1992, p. 38 e, do mesmo autor, a obra *A Política*. Brasília, Edunb, 1994, p. 62.

pertenciam, e, principalmente, para com a cultura que veneravam[241].

Nesse espaço físico e geográfico da *pólis*, prepondera muito mais aspectos valorativos do que jurídicos, onde a esfera privada da vida de cada indivíduo é preterida em razão das obrigações públicas inerentes ao cidadão, por viver na cidade: o respeito às tradições, costumes, ritos; o cumprimento do acordado; o respeito à palavra empenhada, etc[242].

Em termos de história, todavia, de acordo com Covre[243], "em que pese terem sido escravistas as sociedades grega e romana, ambas promoveram em suas cidades certo exercício de cidadania. Contudo, no período que vai do século V ao XIII, surgiu a sociedade feudal, eminentemente rural, e, sómente com o início da Revolução Industrial e o desenvolvimento da sociedade dita capitalista é que retorna, gradativamente, a determinação de um paradigma de cidadania".

Desta forma, partindo do pressuposto de que os valores morais anteriormente preconizados pelo *ancién regime* já não se apresentavam suficientes à ordenação social , política e econômica, necessitando o novo *homo faber* de elementos externos a sua subjetividade para lhe coordenar o sentido do reto caminho e da reta razão, o Estado de Direito, do século XVIII em diante, tem um terreno fértil para se estabelecer, impondo a ficção jurídica de direitos iguais a todos os homens, ainda que perante a Lei (abstrata e formal), com o que fomenta a mera ilusão de que chegara a época do fim das desigualdades a que os homens sempre foram relegados. Todos

---

[241] Por óbvio que estamos considerando, aqui, o fato notório de que a sociedade grega constituía-se de uma *societas* extremamente exclusivista e escravocrata, cuja parcela de pessoas que habitavam seu território e que tinham o *status* de cidadão era ínfima. Neste sentido, Jaeger, Verner. *Paidéia*. México, Sigloveinteuno, 1990, p. 161 e ss.

[242] Como bem demonstra VAYNE, Paul. *Acreditavam os Gregos em seus mitos?* São Paulo, Brasiliense, 1990, p. 34.

[243] Covre, Maria L. M. *O que é cidadania...* São Paulo, Brasiliense, 1993, p. 17.

estes fatos foram ratificados pelos movimentos históricos acima nominados e, mais tarde, pela Declaração Universal dos Direitos do Homem de 1948[244].

Assim, sendo o capital a mola propulsora da sociedade capitalista que está se formando, um dos principais valores que ele institui como cultura oficial é o trabalho, esse enaltecendo um novo tipo de vida urbana e estimulando o comércio, o sistema fabril e a administração da coisa pública a partir de paradigmas como os da eficiência[245] e agilidade. Como pano de fundo, encontra-se a construção de uma ética própria pela ideologia burguesa (entendida como concepção de mundo, expressão cultural de uma época cujo interior pode ser formado por muitos veios, mesmo contraditórios), que pode ter sua origem nas revoltas religiosas e no movimento protestante dos séculos XIV e XV, preconizando que o homem devia trabalhar, e não trabalhar por trabalhar, mas fazê-lo produtivamente, isso porque o homem seria o administrador e criador de bens divinos na Terra[246].

No cenário das idéias clássicas sobre os temas ora enfrentados, este trabalho faz um recorte epistêmico, também adotando a reflexão utilizada por Rousseau[247], que tenta associar a idéia de igualdade (categoria de sentido mais econômico e jurídico-formal) com liberdade (categoria com sentido mais político e material), para definir o real e efetivo exercício de cidadania, ou seja, o que coloca o cidadão como sujeito agente da história, usufruindo das conquistas levadas a cabo e persistindo em novas outras.

---

[244] Conforme Campos, German J. Bidart. *Constitución y Derechos Humanos.* Buenos Aires, EDIAR, 1991, p. 72.

[245] Paradigmas que agora se encontram lançados pela Emenda Constitucional Brasileira nº 19, quando institui como princípio informativo da Administração Pública, a eficiência, cuja medida, por certo, é a do mercado das relações privadas de produção.

[246] Excelente reflexão sobre este tema faz Weber, Max. *A ética protestante e o espírito do capitalismo.* Rio de Janeiro, Zahar Editores, 1988, p. 80.

[247] ROUSSEAU, Jean Jaques. *Du contract social.* Paris, Gallimard, 1979.

Tal conceito amplia as dimensões de existência do cidadão, eis que demonstra que seu universo de atuação deve ser muito mais amplo do que o de acatar passivamente a Lei e portar-se de acordo com ela,[248] seja quais forem as conseqüências, mesmo que resultem no afastamento cada vez maior da condição de igualdade material em relação à igualdade formal, ou , como quer Kant[249],

> "os cidadãos devem obedecer às normas da lei, mas, enquanto homens que raciocinam, devendo fazer uso público da própria razão e estar num processo contínuo de crítica a estas Leis, se considerarem que elas são injustas, para que exista também um processo contínuo de reformulação deste Estado de Direito."

Enfim, o cidadão não pode ser concebido como um conceito abstrato e meramente formal, como quer o normativismo jurídico vigente, com sua lógica interna, inscrito em um ordenamento de condutas e comportamentos que deve ser observado, em nome da ordem e da estabilidade social/global, mas, dialetizando seus possíveis significados - e com isso afirmamos que se trata de um signo polifônico e polissêmico, deve-se compreendêlo como componente orgânico de formação social, jurídica, política e econômica, enquanto ser de cultura e de conhecimento[250].

---

[248] O que exige a versão liberal clássica de cidadania oriunda dos primeiros passos da Idade Moderna. Neste sentido, o trabalho de Andrade, Vera Regina Pereira de. *A reconstrução do conceito liberal de cidadania: da cidadania moldada pela democracia à cidadania moldando a democracia*. In: O poder das metáforas. Porto Alegre, Livraria do Advogado, 1998.

[249] KANT, Imanuel. *Da paz perpétua*. São Paulo, Cultrix, 1992, p. 83.

[250] Neste sentido, Plant, Raymond *Cidadania e Mudança Política*. In Reinventando a Esquerda. São Paulo, UNESP, 1997, p. 37, adverte que uma política de *cidadania comum* é antes abstrata e universalizante e negligencia a importância da diferença em termos de participação na comunidade e no grupo, que é central não somente com relação a como as pessoas concebem sua identidade, mas também, crucialmente , a como elas são motivadas em política.

Em outras palavras, não há como negar a inserção do cidadão no contexto político da realidade estigmatizada pela Lei, o que se pretende é, partindo dessa contextualização, reconhecer que ele está imerso em uma lógica social efetivamente material, que se revela na constância do seu devir, sujeito em permanente construção, apto a emancipar-se de uma natureza que a contigência do fenômeno político e mesmo jurídico lhe impôs, o que possibilitaria a implementação dos direitos já assegurados e a edificação de outros novos.

6. A cidadania na Constituição brasileira de 1988

No que tange à identificação dos direitos dos cidadãos, em especial no Brasil, é interessante que se analise dois de seus aspectos fundantes, considerando o conceito que acima fora exposto, a saber: os direitos estabelecidos expressamente pelo ordenamento constitucional e os que implicitamente podem ser encontrados no mesmo estatuto, ou, no dizer de alguns teóricos da área, os direitos silenciados[251].

Veja-se que é comum que as Constituições modernas tenham definido a cidadania a partir da especificação dos diferentes direitos e obrigações da população, dividindo-a, por exemplo, entre os nacionais, os naturalizados e os estrangeiros. O número e a extensão de tais direitos variam na história e contexto de cada país, tanto que algumas conquistas foram motivo de lutas constantes através do tempo. Assim, por exemplo, as primeiras Constituições do Ocidente excluíram as mulheres do gozo do direito político de votar e serem votadas e impuseram uma idade limite a seu exercício até mesmo para os homens; outras Constituições estabeleceram

---

[251] Conforme Baudrillard, Jean. *A L'Ombre des Majorités Silenceuses ou La Fin du Social.* Paris, Denöel/Gonthier, 1992, p. 58.

restrições distintas ao voto, como, por exemplo, a posse de um mínimo de renda ou terras, chamada de "voto censitário", ou ainda um certo grau de instrução, como condição necessária ao exercício desse direito político[252]. Este tipo de abordagem dos direitos dos cidadãos é aquele primeiro ao qual se referiu, importando reconhecer que ele se limita aos estritos termos da norma jurídica cogente. A despeito disto, é imperioso que se afirme a importância e indisponibilidade do que é legalmente estabelecido, até para manter-se o paradigma da Norma Fundamental que assegura um sistema social cujo exercício do poder político não é arbitrário.

De qualquer sorte, a Constituição Brasileira de 1988 traz em seu art. 1º, inciso II, a cidadania como fundamento do Estado Democrático de Direito que quer constituir, e, já no art. 3º, estabelece os objetivos fundamentais do País, a saber: construir uma sociedade livre, justa e solidária; garantir o desenvolvimento nacional; erradicar a pobreza e a marginalização e reduzir as desigualdades sociais e regionais; promover o bem de todos, sem preconceitos de origem, raça, sexo, cor, idade e quaisquer outras forma de discriminação; a partir do art. 5º, a Constituição estabelece os direitos e garantias fundamentais do cidadão brasileiro.

Assim, podemos afirmar que os arts. 2º e 5º falam sobre os denominados direitos formais assegurados pela Constituição, enquanto o art. 3º se refere ao instrumental de leitura e interpretação de todo o texto constitucional e infraconstitucional, eis que verdadeiros objetivos a serem alcançados no território brasileiro[253].

---

[252] Neste sentido a obra de Lacerda, Paulo. *Princípios de Direito Constitucional Brasileiro*. Vol. 2. Rio de Janeiro, Livraria Azevedo, 1912, pp. 27/58.

[253] Avaliamos esta matéria em nosso livro *Direitos Humanos no Brasil: desafios à democracia*. Porto Alegre, Livraria do Advogado, 1998, bem como em nosso livro *Hermenêutica e Direito: considerações sobre a Teoria do Direito e os Operadores Jurídicos*. Santa Cruz do Sul, Edunisc, 1999, 2ª edição.

Bem ou mal, trata-se de uma conquista o fato de a Constituição determinar que ninguém será submetido a tortura nem a tratamento desumano ou degradante; de que é inviolável a intimidade, a vida privada, a honra e a imagem das pessoas, assegurado o direito à indenização pelo dano material ou moral decorrente de sua violação; que a casa é asilo inviolável do indivíduo; que é assegurado a todos o acesso à informação; que a lei não excluirá da apreciação do Poder Judiciário lesão ou ameaça a direito; de que é assegurado aos presos o respeito à integridade física e moral; que o Estado prestará assistência jurídica integral e gratuita aos que comprovarem insuficiência de recursos; que são gratuitas as ações de *habeas corpus* e *habeas data* e, na forma da lei, os atos necessários ao exercício da cidadania.

Ainda assevera o parágrafo primeiro do art. 5º da CF/88, que as normas definidoras dos direitos e garantias fundamentais têm aplicação imediata.

Por fim, os arts. 6º e 7º tratam dos direitos sociais, os quais, como os demais anteriormente vistos, são exaustivamente enfrentados no restante do texto constitucional.

Urge esclarecer que, uma coisa é a Constituição ter previsto alguns direitos e garantias ao cidadão, outra é haver condições à implementação destes direitos, situação onde reside o maior problema da maior parte dos Estados no Ocidente.

Tal constatação parece eclodir de uma vez por todas com os argumentos utilitaristas dos sécs. XVIII e XIX, principalmente dos teóricos da estirpe de Jeremy Bentham e James Mill, que afirmavam que:

> "a Lei ou a Constituição teria o poder de produzir as transformações sociais reclamadas, eis que organizaria de outra forma as relações sociais e as relações de poder, constituindo assim o instrumento através do qual os governos tornariam possível a

satisfação das novas e constantes necessidades do povo."[254]

Na verdade, a idéia de *Welfare State* (Estado do Bem Estar Social)[255] não subsistiu às contradições que a falta de estrutura administrativa e gerencial dos governos atestaram no século XX, deixando um vácuo muito grande entre aquilo que o Estado assegurava à cidadania através de sua fala - principalmente a LEI, e o que efetivamente conseguiu e consegue cumprir, o que cria, inevitavelmente, uma imagem de ceptidão popular, descrença e ineficácia dos poderes constituídos, gerando uma crise de identidade e eficácia nas instituições representativas[256].

No Brasil hodierno, uma vez que a própria legitimidade do Estado é questionada e debatida, demandas públicas emergenciais não atendidas (saúde, trabalho, habitação, etc.) fazem nascer uma plêiade de novos sujeitos sociais, novas formas de organização popular,

---

[254] Marschall, Thomas S. H. *Cidadania, Classe Social e Status*. Rio de Janeiro, Zahar, 1988, p. 70.

[255] Este modelo de Estado pode ser localizado em alguns países ocidentais e industrializados no período de pós-guerra, aproximadamente a partir de 1945, oportunidade em que estes países, atingidos pelos efeitos da guerra, resolvem adotar uma política econômica keynesiana para suavizar as desigualdades sociais através, principalmente, de uma redistribuição de renda que atuasse sobre a seguridade social e outras subvenções estatais. O Estado aqui surge como grande empreendedor de um novo pacto social que tenha como escopo fundante o reerguimento das potências econômicas nacionais. Neste sentido, a obra de Flora, Philiph. *The Welfare State in historical perspective*. Londres, Mommsen, 1994, p. 343.

[256] Uma crítica fundamental de pensadores socialistas aos governos liberais é que estes passam uma ilusão de igualdade em termos de direitos legais e políticos enquanto há desigualdades mais fundamentais nas relações socioeconômicas entre classes, que tentam desconhecer ou ignorar. Neste sentido ver Meehan, Elizabeth. *Igualdade, Diferença e Democracia*. In Reinventando a Esquerda. São Paulo:UNESP, 1997, p. 48. Neste cenário é de se ver que as desigualdades sociais permanecem, e os grupos carentes são menos capazes de assegurar seus interesses. Contudo, isso não os isola da política planejada por outros, a qual, mesmo sendo bem-intencionada, não tem o mesmo efeito democrático que teria se reformulássemos a prática política a fim de que se possam encontrar maneiras de dar às pessoas mais poder para dizerem por si mesmas quais são as suas necessidades.

todas mobilizadoras de anseios não satisfeitos por quem de direito, revelando o surgimento de códigos de posturas e condutas distintos do Estados, paralelos e mesmo contrários as suas disposições legais. Daí as regras de funcionamento do jogo do bicho, do narcotráfico, a organização educacional, de saúde e paramilitar das favelas espalhadas em todo o território nacional.

Se os direitos do cidadão existem e estão previstos na *lei*, e o supracitado art. 3º da CF/88 explicita os objetivos que o país deve perseguir, até que ponto a incompetência dos organismos oficiais em não atendê-los não autoriza a desobediência civil como meio para alcançá-los, considerando serem todos os brasileiros intérpretes e sujeitos constitucionais?

7. Algumas sínteses

A partir do que vimos até agora, a cidadania tem de ser pensada a partir de uma prévia concepção de democracia, enquanto possibilidade de demarcar uma proporção de um sentido de propósito comum em determinada sociedade caracterizada pelo pluralismo e diferenças sociais gritantes[257].

Na verdade, para se manterem, as sociedades precisam de um sentido de valores comuns, não substanciais, como a religião, mas tênues, como o conceito de união em torno de cidadania, o qual favorece a identificação com grupos diferentes de uma mesma sociedade. Tal união, entretanto, não toma como parâmetro o conjunto de pretensões deduzidas pelos poderes instituídos esta-

---

[257] Conforme Coutinho, Carlos Nelson. *A democracia como valor universal*. Rio de Janeiro, Salamandra, 1984, p. 27, quando lembra que a democracia liberal institui significados extremamente limitados e inibidores da mobilidade política da sociedade moderna, pretendendo controlar, em níveis de tensão e segurança minimamente desejados pelo modelo de desenvolvimento das relações de produção e mercado então vigentes, os comportamentos individuais.

tais, principalmente os da representação legislativa[258], mas devem atender a uma expectativa real da maior parte quantitativa dos cidadãos envolvidos e atingidos por qualquer política ou ação pública cotidiana.

Uma Constituição como a brasileira, que estrutura não apenas o Estado em sentido estrito, mas também a própria esfera pública, dispondo sobre a organização da própria sociedade e sobre setores da vida privada, outorga à cidadania um *status* formal e material de sujeitos da própria história, co-responsáveis pela construção cotidiana de um projeto de vida que também se encontra normatizado pela Carta Política de 1988.

Em face desta realidade, é impossível imaginarmos ações públicas e governamentais divorciadas dos interesses públicos que afetam esta cidadania, principalmente aquelas que dizem respeito ao seu maior número, o que implica reconhecermos a premência de abertura dos instrumentos e mecanismos decisionais na esfera do político e mesmo do jurídico, com o fito de sensibilizá-los para uma democracia efetivamente real e afinada com o novo modelo de sociedade democrática de direito que se espera deste país.

Comportamentos práticos e efetivos podem iniciar a dar conta destas demandas, tanto por parte dos poderes instituídos (Executivo, Legislativo e Judiciário), controlando a legalidade e legitimidade das ações praticadas - principalmente tendo como parâmetro os princípios constitucionais, como por parte dos segmentos sociais organizados (associações, cooperativas, conselhos populares, organizações não-governamentais empresas, etc.), participando daquelas ações. Enfim, todos voltados à visibilidade procedimental de tomada de decisões e execução de políticas públicas envolvendo todos os interessados, direta ou indiretamente.

---

[258] Já que esta representação política, por vezes, não condiz com as demandas da maior parte dos eleitores, mas dos eleitor em face de seus compromissos corporativos ou pessoais.

TEORIA DO ESTADO
Cidadania e poder político na modernidade

Aqui está presente a idéia de Häberle no sentido de que devem ser desenvolvidas novas formas de participação das potências públicas pluralistas enquanto intérpretes em sentido amplo da Constituição[259]. Experiências desta natureza já se fazem sentir em algumas cidades brasileiras, preocupadas em criar novos espaços de gestão compartilhada das demandas públicas prementes e emergentes[260].

---

[259] Häberle, Peter. *Hermenêutica Constitucional*, op. cit., p. 48. Ver também outra obra do autor: *Teoría de la Constitución como ciencia de la cultura*. Madrid, Tecnos, 2000.

[260] Estamos falando de gestões administrativas municipais como as de Porto Alegre, ensejando a proliferação de conselhos populares para pensar o desenvolvimento da cidade e o bem-estar de seus cidadãos; Curitiba, discuntindo a qualidade de vida ambiental de seus munícipes; Salvador, debatendo sobre a solução de problemas como infra-estrutura urbana e tratamento de lixo urbano. Neste sentido, ver nosso livro: *A função social da cidade e da propriedade no Brasil*. Porto Alegre, Livraria do Advogado, 1997.

Capítulo VII

Significados e sentidos do Estado Democrático de Direito enquanto modalidade ideal/constitucional do Estado Brasileiro

1. Questões preliminares

Um dos principais elementos de inovação preambular da Constituição Brasileira de 1988 é o fato de ela prever em seu texto que a federação constitui-se em Estado Democrático de Direito. O que isto quer dizer especificamente é algo que ainda percorre as indagações de cientistas sociais, políticos, filosóficos e juristas no país e mesmo fora dele.

Nossa pretensão, aqui, é tentar delimitar, em caráter meramente exemplificativo, as possibilidades conceituais desta figura político-jurídica constitucional que é o Estado Democrático de Direito, no sentido de contribuir para a densificação da idéia de Democracia contemporânea, em especial para o Estado Brasileiro.

Em termos históricos, a figura do Estado Moderno está toda centrada na figura da Lei como principal fonte de padronização das relações de convivência, lugar onde o princípio de legitimação das sociedades políticas vindouras se assenta. A partir desta premissa, a figura da Constituição tem uma função de justificação do novo poder que se instaura, delimitando a estrutura, organização e competências estatais que são responsáveis pelo

TEORIA DO ESTADO
Cidadania e poder político na modernidade

189

asseguramento das regras do desenvolvimento social e econômico da sociedade, bem como, é claro, substitutas das instâncias de governo até então existentes[261].

O Direito, enquanto veículo de ordem e segurança, como Lei, e esta, em última instância, como produto do Estado, é exaltado como instrumento de exercício de poder - ou como única instituição de legitimação da coação física e jurídica[262]. Tal exercício, todavia, não está indene de críticas ou problematizações pelo simples fato de ser oriundo de outra criação institucional da Idade Moderna que é a Democracia Representantiva - fundada na perspectiva do sufrágio, autonomia e independência dos poderes estatais e responsabilidade governamental[263]. Aliás, para autores como Höffe[264], os institutos deste modelo de democracia constituem-se verdadeiras *ilusões ideológicas*, eis que se afiguram, em verdade, como mecanismos de encobrimento de relações concretas de dominação.

Sabe-se, todavia, que o modelo do Estado Liberal clássico vai-se moldando às transformações econômicas levadas a cabo pelas denominadas revoluções industriais emergentes (contemporaneamente veiculadas principal-

---

[261] Conforme o texto de Verdú, Pablo Lucas. *Curso de Derecho Político*. Madrid, Tecnos, 1984.

[262] Como quer Weber, Max. *Economía y Sociedad*. México, Fondo de Cultura Económica, 1995, p. 1057: "El Estado, lo mismo que las demás asociaciones políticas que lo han precedido, es una relación de domínio de hombres sobre hombres basada en el medio de la coacción legítima. Así, pues, para que subsista es menester que los hombres dominados se sometan a la autoridad de los que dominan en cada caso. Cuándo y por qué lo hagan, sólo puede comprenderse cuando se conocen los motivos internos de justificación y los medios externos en los que la dominación se apoya".

[263] Veja-se que, como prolongamento do Estado Moderno e a partir de seus pressupostos, consolida-se a visão liberal do Estado burguês, representado por uma democracia representativa, com o poder residindo em um pequeno grupo de cidadãos. O Estado ideal é aquele no qual o poder político é reduzido a um grupo comedido, deixando que o mercado livre cuide da distribuição da riqueza e da renda. Ver nesse sentido o texto de Chevalier, Jacques. *L'Etat de Droit*. Paris, Montchrestien, 1996.

[264] Höffe, Otfried. *Derecho Intercultural*. Madrid, Gedisa, 2000, p. 239.

mente pelas novas ondas recauchutadoras do capitalismo oscilante: a globalização e o neoliberalismo). A partir daqui, novas demandas e questionamentos surgem na ordem do dia: Qual o papel dos Estados Nacionais nesse novo cenário? Num país com profundas desigualdades sociais como o Brasil, que modelo de Estado/governo se impõe?

A partir destes referenciais, pretendemos rediscutir algumas questões de ordem sobre a figura do Estado Contemporâneo, adjetivado que está pela democracia e pelo direito, levando em conta algumas características do processo de constituição política e jurídica do poder político brasileiro.

2. Algumas considerações sobre o Estado enquanto fenômeno político

Muito se tem falado sobre o Estado enquanto instituição jurídica e como fenômeno político e filosófico da era moderna. Como lembra Wolkmer[265], na cotidianidade de um possível espaço público que denominamos de sociedade, subsiste um certo poder visível e invisível capaz de interferir, influenciar, condicionar a realidade material da convivência humana. Tal poder, ao longo da história do Ocidente, vem-se estendendo para todas as esferas da vida, geralmente sob a forma de uma organização política e jurídica.

Para alguns teóricos do Estado, esta figura estranha e por vezes insondável surge como uma extensão da natureza humana, necessariamente concebida como manifestação espontânea do indivíduo racional e intrinsicamente social[266].

---

[265] Wolkmer, Antônio Carlos. *Elementos para uma Crítica do Estado*. Porto Alegre, Fabris, 1990, p. 11.

[266] Esta é a posição de grande parte da filosofia política clássica da Grécia e mesmo Romana, matéria que será abordada nos capítulos seguintes. Ver, neste sentido, o capítulo primeiro deste livro.

Para outros, entretanto, o surgimento do espaço social e mesmo do Estado está ligado ao florescer de uma cultura de produção calcada na exploração de mão-de-obra diferenciada e marginalizante, e, portanto, serve tão-somente para reproduzir determinadas estruturas sociais voltadas para interesses profundamente privados e minoritários no âmbito da coletividade[267].

De qualquer sorte, o poder político, desde a filosofia clássica grega, entendido como proveniente de um processo histórico e mundano de constituição do social, mediado por mecanismos de gestão operacional dos interesses sociais e privados, está criticamente localizado num tempo e num espaço específico[268]. Neste tempo e espaço, junto com a reflexão produzida já pelos sofistas (capítulo primeiro), podemos proclamar como injusta a desigualdade do cidadão, decompondo o *mythos*, o *logos* e a *pólis* dos velhos tempos, lembrando sempre que nenhum Deus instituiu a cidade/Estado, mas que foi obra exclusiva de homens, o que relativiza os valores absolutos da verdade, da justiça e da virtude dados/impostos pelas hordes encasteladas no poder, oportunizando a problematização do instituído.

Ainda em termos históricos, enquanto a lei natural e a lei positiva no pensamento tradicional e filosófico predominante da Grécia dos séculos VI e V a.C. se encontram entrelaçadas desde o ponto de partida[269], já se tinha a advertência (pela Sofística) sobre a injustiça

---

[267] Um dos textos clássicos que enfrenta esta reflexão é o de Engels, Friedrich. *A origem da família, da propriedade privada e do Estado*. São Paulo, Alfa Ômega. 1984.

[268] Battaglia, Sergio. *O Pensamento Grego na Modernidade*. São Paulo, Brasiliense.1990, p. 128, registra que "os Sofistas arruínam os postulados fundamentais da pólis; plantam dúvidas nos espíritos, insinuam a descrença nos valores, levantam mais problemas que resolvem, aniquilando a tradição mítica então operante na cultura da época, apagando o culto dos heróis e afrouxando as tradições domésticas; fazem da crença na origem divina das leis um anacronismo pueril".

[269] Neste sentido a obra de Rommen, Julen. *Introdução histórica ao direito*. Lisboa, Fundação Calouste,1989.

essencial destas leis, que têm sempre por fundamento o interesse daqueles que a elaboram, e, portanto, são batizadas como expressão da tirania, e não como símbolo de realeza e majestade: a idéia de justiça, aqui, está atrelada à crença de que se apresenta como um bem para quem manda e um mal para quem obedece[270].

Mesmo considerando a existência de outras fontes históricas importantes na tentativa de delimitar a natureza e os contornos conceituais de Poder Político e de Estado, pretendemos localizar a abordagem do tema tendo como marco espacial e temporal o alvorecer da Idade Moderna, palco das grandes manifestações teóricas sobre a matéria.

Nesse sentido, como nos lembra Habermas[271], identificando o entorno da reflexão pretendida, a partir do século XVI organizam-se, numa base mais ampla de capital, as companhias de comércio que não mais se satisfazem, como os antigos retalhistas, com mercados sempre ainda limitados. Elas inauguram, com expedições em grande estilo, novos territórios para o seu próprio mercado. Para satisfazer as crescentes exigências do capital e compartilhar os crescentes riscos, essas companhias elevam-se logo ao estatuto de sociedades por ações. Mas para ir mais avante, elas precisam de garantias políticas mais seguras. Os mercados do comércio exterior passam a ser agora considerados como "produtos institucionais"; resultam de esforços políticos e de força militar. A antiga base de operações, as corporações locais, amplia-se assim até a nova base, o território nacional. Começa então um processo de nacionalização da economia citadina.

É certo que só a partir daí é que se constituiu o que, desde então, é chamado de "nação" - o Estado moderno

---

[270] Cassin, Barbara. *Ensaios Sofísticos*. São Paulo, Siciliano, 1990, p. 37.

[271] Habermas, Jürgen. *Mudança Estrutural da Esfera Pública: investigações quanto a uma categoria da sociedade burguesa*. Rio de Janeiro, Tempo Brasileiro, 1984, p. 37.

com suas instituições burocráticas e uma crescente necessidade de dinheiro, o que, por sua vez, retroage rapidamente sobre a economia mercantilista. A redução da representatividade pública que ocorre com a mediatização das autoridades estamentais através dos senhores feudais cede espaço a uma outra esfera, que é ligada à expressão esfera pública no sentido moderno: a esfera do poder público. Esta se objetiva numa administração *permanente* e no exército *permanente*[272].

Daqueles tempos mais remotos em diante o grande salto reflexivo que podemos destacar para o debate proposto é o atinente à natureza do Estado Moderno, isto é, o Estado concebido como a única saída para a civilização, é também idealizado como produto da razão e de uma sociedade racional, contraposta diretamente a uma sociedade pré-estatal ou anárquica e desarmoniosa[273]. O modelo de organização social mediado pelo Estado em um determinado espaço físico, vem instituir um momento de representação oficial do poder, a partir do qual se busca legitimar/legalizar o que Bobbio refere como a violência concentrada e organizada da sociedade[274].

A preocupação aqui começa a ser a de tentar evidenciar formas de valoração do Estado e do Poder, criando mecanismos aferidores de seus perfis e identifi-

---

[272] Op. cit., p. 38. Destaca ainda o autor que, neste sentido estrito, "público" torna-se sinônimo de estatal, o atributo não se refere nada mais à "corte" representativa, com uma pessoa investida de autoridade, mas antes ao funcionamento regulamentado, de acordo com competências, de um aparelho munido do monopólio da utilização legítima da força. O poderio senhorial transforma-se em "polícia"; as pessoas privadas submetidas a elas enquanto destinatárias desse poder, constituem um público. Como contrapeso à autoridade, constitui-se a sociedade civil burguesa. As atividades e relações de dependência que, até então, estavam confinadas ao âmbito da economia doméstica, passam o limiar do orçamento doméstico e surgem à luz a esfera pública, 33.

[273] Hegel chama esse período de sociedade pré-política, sociedade natural. Ver o texto Hegel, Georg Wilhelm Friedrich. *Principes de la Philosophie du Droit*. Paris, Gallimard, 1990, p. 72.

[274] Bobbio, Norberto. *Estado - Governo - Sociedade*. Rio de Janeiro, Paz e Terra. 1987, p. 21.

cando melhor suas particularidades, o que redunda na discussão sobre a natureza democrática ou autoritária do seus processos de institucionalização. Neste particular, queremos investigar as possibilidades de caracterização da democracia enquanto adjetivação do novo Poder Político e Estado.

3. Contornos conceituais preliminares da Democracia contemporânea

O problema central que a teoria política, ao menos a contemporânea, tem de enfrentar é como conciliar o conceito de Estado como uma estrutura de poder impessoal e legalmente circunscrita com novo plexo de direitos, obrigações e deveres dos indivíduos. Em outras palavras, como o Estado soberano deverá se relacionar com o povo soberano, que é reconhecido como a fonte legítima dos poderes do Estado - ao menos na perspectiva rousseauniana, que adotamos aqui como critério conceitual preliminar[275]. Diversas propostas e matrizes teóricas vão se constituir a partir desta problemática[276].

---

[275] Parece-nos importante destacar que, para Rousseau, a liberdade é tida como autonomia do povo, como participação igual de todos na práxis da autolegislação. "El punto más notable de esta reflexión consiste en la conjunción de razón práctica y voluntad soberana, de derechos humanos y democracia. Para que la razón que legitima a la dominación ya no tenga que preceder a voluntad soberana del pueblo y cimentar los derechos humanos en un estado ficticio de derecho natural, como lo plantea Locke, se le confiere una estructura racional a la autonomía misma de la praxis legislativa. Dado que sólo se puede manifestar a través de leyes generales e abstractas, la voluntad unificada de los ciudadanos requiere de una operación que excluye per se todos los intereses no generalizables y solamente admite reglamentaciones que garanticen libertades iguales para todos. De este modo, el ejercicio de la soberanía popular garantiza al mismo tiempo los derechos humanos". Habermas, Jürgen. *La soberanía popular como procedimento: um concepto normativo de lo público. In* Herrera, María. *Jürgen Habermas: moralidad, ética y política.* México, Alianza Editorial, 1994, p. 38.

[276] Nesse sentido é oportuna a leitura da obra de Finley, M. I. *La democrazia degli antichi e dei moderni.* Roma, Laterza, 1993.

TEORIA DO ESTADO
Cidadania e poder político na modernidade

Para Rousseau, preocupado com a questão da existência ou não de um princípio legítimo e seguro de governo[277], e contrário às teorias de Hobbes e Locke, as quais afirmam que a soberania é transferida do povo para o Estado, a soberania "não pode ser apresentada, pela mesma razão que não pode ser alienada... os deputados do povo não são, e não podem ser, seus representantes; eles são meramente seus agentes; e eles não podem decidir nada em termos finais"[278].

Neste cenário de idéias, próprias do modelo liberal, a concepção de democracia atrela-se à figura do indivíduo/cidadão e às condições de possibilidades do seu desenvolvimento econômico, pois o papel do cidadão é o mais elevado a que um indivíduo pode aspirar. O exercício do poder pelos cidadãos, nos estritos termos da Lei, é a única forma legítima na qual a liberdade pode ser sustentada.

À parte o fato de que o exercício direto do poder de decisão por parte dos cidadãos não é incompatível com o exercício indireto através de representantes eleitos, como demonstra a existência de constituições, tal qual a brasileira vigente - que prevê o instituto do plebiscito e do referendo popular -, tanto a democracia direta quanto a indireta descendem do mesmo princípio da sobera-

---

[277] Rousseau, Jean Jaques. *O Contrato Social*. São Paulo, Abril Cultural. 1988,p. 49. Importa lembrarmos que a raiz da filosofia rousseauniana encontra-se num conjunto variado de textos e discursos, em especial os que versam sobre as ciências e as artes e sobre as origens da desigualdade. Neles Rousseau desenvolve a antítese fundamental entre a natureza do homem e os seus acréscimos da civilização. As obras posteriores do autor levam às últimas conseqüências essa reflexão, qual seja, o fato de que a civilização é tida como responsável pela degeneração das exigências morais mais profundas da natureza humana e sua substituição pela cultura intelectual. O pressuposto do autor aqui é o de que as necessidades impostas pelo sentimento natural de autopreservação são contrabalanceadas pelo inato sentimento de piedade que impede o homem de fazer mal aos outros desnecessariamente. Neste sentido, ver o excelente texto de Launay, Michel. *Jean-Jacques Rousseau: écrivain politique*. Grenoble, ACER, 1981.

[278] Rousseau, Jean Jaques. *O Contrato Social*. São Paulo, Abril Cultural. 1988, p. 141.

nia popular, apesar de se distinguirem pelas modalidades e pelas formas com que essa soberania é exercida - matéria que, aliás, faz a diferença em termos de qualidade do modelo.

E quando se fala em formas de exercício da soberania ou do poder soberano, que pressupõe a participação efetiva do indivíduo no processo de decisão política dos temas que lhe dizem respeito, percebe-se que a esfera política e individual está imersa em uma esfera mais ampla, que é a da sociedade como um todo, e que inexiste decisão política que não esteja condicionada ou inclusive determinada por aquilo que acontece na sociedade civil.

Sob este ponto de vista, todo o grupo social está obrigado a tomar decisões que vinculam a todos os seus membros, com o objetivo de prover a própria subsistência: e, como estas decisões grupais são tomadas por indivíduos- por representação ou não-, para que sejam aceitas como coletivas, mister é que sejam levadas a termo com base em regras que estabeleçam quais os indivíduos autorizados a tomar decisoes vinculatórias para todos os membros do grupo e à base de quais procedimentos[279].

Entretanto, é preciso lembrar, com Morais[280] que estas instituições não se reduzem à dimensão simbólica, mas só existem no simbólico, pois são legitimadas por significações que encarnam sentidos reconhecidos pelas comunidades - autoritária ou democraticamente estabelecidos. Aqui pode-se trabalhar com o conceito de *hegemonia* Gramsciano[281], que caracteriza a liderança cultural-ideológica de uma categoria social sobre as

---

[279] É de Norberto Bobbio esta reflexão, que nos serve diretamente. Ver o texto Bobbio, Norberto. *Democrazia, maggioranza e minoranza*. Bologna, Il Mulino. 1981.

[280] Morais, Denis de. *As linhas do imaginário*. São Paulo, Nova Fronteira.1995, p. 39.

[281] Gramsci, Antonio. *Passato e Presente*. Milano, Daltronni,1980, p. 69.

outras. A constituição desta hegemonia é um processo historicamente longo, que pode e deve ser preparada pela categoria que lidera um bloco histórico. Qualquer modificação da estrutura social, sob essa perspectiva, deve proceder de uma revolução cultural que, progressivamente, incorpore camadas e grupos ao movimento racional de emancipação, pena de ser totalitária.

É pois, na direção do exercício do Poder Político que o tema da democracia toma mais corpo e significado para nós. Neste aspecto, novamente Bobbio é esclarecedor:

> "Afirmo preliminarmente que o único modo de se chegar a um acordo quando se fala de democracia, entendida como contraposta a todas as formas de governo autocrático, é o de considerá-la caracterizada por um conjunto de regras (primárias ou fundamentais) que estabelecem quem está autorizado a tomar as decisões coletivas e com quais procedimentos"[282].

Um governo ou sociedade democrática é aquele, então, que conta e mesmo define, a partir das relações de poder estendidas a todos os indivíduos, com um espaço político permanente de interlocução, demarcado por regras e procedimentos claros, que efetivamente assegurem o atendimento às demandas públicas da maior parte da população, elegidas pela própria sociedade, através de suas formas de participação/representação (institucionais ou não).

Assim, uma vez existindo instrumentos eficazes de reflexão e debate público das questões sociais vinculadas à gestão de interesses coletivos - e muitas vezes conflitantes -, e ainda, contando com os fundamentos da organização política e social do homem erigidos com o

---

[282] Bobbio, Norberto, Op. cit., p. 165. No mesmo sentido vai SARTORI, Giovani. *Teoría de la democracia*. Madrid, Alianza Editorial, 1987, p. 261, ao afirmar que o critério definidor, nesse aspecto, da democracia, não é o de quem toma a decisão somente, mas o próprio alcance dela, eis que quem quer que decida, o faz por todos.

advento dos movimentos emancipacionistas do final do século XVIII - os direitos liberais de liberdade, de opinião, de reunião, de associação, etc. -, forja-se ao longo dessa história um núcleo de direitos invioláveis, que representam os pressupostos necessários para o funcionamento dos mecanismos predominantemente procedimentais que caracterizam um regime democrático: os direitos humanos e fundamentais.

De qualquer sorte, mesmo com tal instrumentação formal e material do fenômeno político, dirigido à gestão social das demandas sociais, revela-se inexorável a percepção de uma crise da representação política que vai denunciando a fragilidade dos instrumentos e mecanismos referidos, principalmente no âmbito da representatividade, colocando em xeque as próprias instituições clássicas da democracia liberal burguesa (Parlamento, Partidos Políticos, Poder Judiciário e Executivo, etc.). Daqui, em razão também da complexidade da sociedade industrial, outro modelo de democracia vai-se estabelecendo no cenário do século XX: a possibilidade de uma democracia mais participativa.

> "Nos anos 60 e 70, a ação da Nova Esquerda norte-americana e a rebelião estudantil, de um lado, e a crescente insatisfação entre operários qualificados, funcionários administrativos de meios acadêmicos contra os sentimentos mais generelizados de alienação que então entraram em moda, de outro, provocavam uma discussão que denunciará as limitações dos modelos liberais de democracia e apontará a necessidade de maior participação de todos nas empresas, nas universidades, nos sindicatos e nos centros políticos."[283]

Paradoxalmente, no âmago deste modelo, um problema surge à consecução de um dos possíveis paradig-

---

[283] Faria, José Eduardo. *Retórica Política e Ideologia Democrática*. Rio de Janeiro, Graal. 1994, p. 93.

mas de sociedade democrática: a tendência cada vez mais burocratizante do processo decisório, que afasta desta sociedade a oportunidade de participação e debate sobre temas que lhe dizem respeito.

Para diminuir um pouco essas dificuldades, além das medidas preconizadas por Faria[284], mister é que se tenham algumas regras estabelecidas, as quais irão informar as condições de possibilidades de um regime democrático.

Utiliza-se, para tanto, a proposta de Cerroni:

"1. Regla del consenso. Todo puede hacerse si se obtiene el consenso del pueblo; nada puede hacerse si no existe este consenso. 2. Regla de la competencia. Para construir el consenso, pueden y deben confrontarse libremente, entre sí, todas las opiniones. 3. Regla de la mayoría. Para calcular el consenso, se cuentan las cabezas, sin romperlas, y la mayoría hará la ley. 4. Regla de la minoría. Si no se obtiene la mayoría y se está en minoría, no por eso queda uno fuera de la ciudad, sino que, por el contrario, puede llegar a ser, como decía el liberal inglés, la cabeza de la oposición, y tener una función fundamental, que es la de criticar a la mayoría y prepararse a combatirla en la próxima confrontación. 5. Regra del control. La democracia, que se rige por esta constante confrontación entre mayoría y minoría, es un poder controlado o, al menos, controlable. 6. Regla de la legalidad. Es el equivalente de la exclusión de la violencia."[285]

---

[284] Um de seus requisitos é a mudança da consciência popular: o que se propõe é que, deixando o papel de consumidor, cada indivíduo passe a agir como executor e desfrutador da execução e desenvolvimento de sua capacidade; ... outro de seus requisitos é a diminuição da desigualdade socioeconômica. Op. cit., p. 95.

[285] CERRONI, Umberto. *Reglas y Valores en la Democracia*. México, Alianza Editorial. 1991, p. 191.

O que temos visto - em especial no Brasil, todavia, é a hegemonia persistente dos institutos tradicionais da democracia liberal, que têm associado alguns mecanismos ou regras de procedimentos das políticas públicas à proteção de uma liberdade e igualdade meramente formal, restritas no espaço e no tempo pelos termos petrificados da lei, pretendendo com isto reduzir a idéia da democracia a uma mera técnica de posturas e comportamentos juridicamente regulados.

O alto grau de exclusão social provocado pelos atuais modelos vigentes de (des)organização econômica e acumulação de capital têm gerado índices cada vez maiores de pobreza e insatisfação comunitária, o que se reflete nas formas de expressão da violência e da insubordinação civil[286]. Por outro lado, com Calderón, podemos afirmar que "los cambios en las dinámicas mundiales desplegadas en el último cuarto de siglo XX están generando nuevas dinámicas de exclusión-inclusión y un nuevo terreno para el surgimiento de nuevos derechos"[287], dentre os quais, o direito à participação popular no governo dos territórios que ocupam.

Por óbvio que a perspectiva da participação como indicador de sociedade e governo democrático não podem significar muita coisa isoladamente, i. é, não é suficiente - ao nosso sentir - que o Estado garanta formalmente espaços institucionais de acesso popular à gestão pública se, no entanto, não oportuniza condições objetivas e subjetivas de envolvimento e procedimentos

---

[286] Estamos falando aqui da notória incapacidade governamental de grande parte das nominadas democracias contemporâneas em estabelecer hábitos de comunicação e diálogo com a comunidade sobre os termos de gestão do seu cotidiano. Tal fato gera um profundo distanciamento das pessoas do espaço público. Ver nesse sentido o texto de Gurr, Thomas R. *Peoples against States: ethnopolitical conflict and the changing world.* New York, Spillmann, 1998, p. 45/71.

[287] Calderón, Fernando. *Lo Político y lo Social: bifurcación o síntesis de una crisis.* In Socialismo, Autoritarismo y Democracia. Lima, Instituto de Estudios Peruanos - CLACSO, 1989, p. 38.

destinados para tanto, mas, ao contrário, e não raro, através dessas garantias, cria hábitos de cooptação ideológica e indução/manipulação de comportamentos ficcionais de participação e dos participantes.

Ocorre que há um problema a ser enfrentado nesse particular, i.é, sabermos se é o Estado que tem de garantir espaços institucionais de participação, servindo como mediador e gestor do processo, ou se depende muito mais da Sociedade tal articulação política para estabelecer relações de interlocução e participação no âmbito das ações governamentais, ou mesmo se estamos diante de obrigações recíprocas e isonômicas.

Entendemos que o tema da participação popular no cenário político-governamental é elemento constitutivo essencial à idéia de Democracia contemporânea, e que isto implica um conjunto de estratégias, táticas e possibilidades de mobilizações sociais, envolvendo todos os atores - físicos e jurídicos - que sejam afetados por qualquer ação ou decisão a ser tomada. Nesse sentido, a pergunta de quem deve partir tais estratégias, táticas e mobilizações, não é válida numa perspectiva fundacional do tema, eis que inexiste um centro gravitacional único ou excludente capaz destas ações, mas uma rede de conectadas relações objetivas e intersubjetivas ligando todos os envolvidos, direta ou indiretamente.

Significa dizer que, em determinadas sociedades, a participação do Estado tende a ser maior (o que não significa isolada) no processo de ações governamentais, considerando o perfil e mesmo a situação envolvendo os demais setores sociais (sociedade e mercado[288]), no intento exatamente de garantir espaços de deliberação e execução de políticas públicas voltadas à integração e

---

[288] Principalmente nas sociedades em que os níveis de exclusão social e marginalidade comprometem em demasia a capacidade de articulação e mobilidade política dos indivíduos considerados isoladamente, maximizando, com isto, a força do mercado enquanto dirigente das pautas políticas de governo.

desenvolvimento societal. Tal participação tanto pode ser voltada para os interesses e demandas efetivamente públicas, fruto de uma percepção e diagnóstico construído coletivamente com os envolvidos (tudo impulsionado e mediado pelos agentes estatais)[289], como pode-se dar de forma clientelista e assistencialista, maquiando a participação através de uma relação manipulada de poder, em que o Estado usa de estratégias veladas de dominação para com os atores pretensamente participantes, impondo suas decisões com aparência de deliberação coletiva[290].

Uma outra experiência pode indicar movimentos de mobilização política e de articulação organizada de forças e agentes advindos da própria sociedade, dados determinados níveis de consciência política e de envolvimento efetivo com as ações governamentais que dizem respeito aos interesses comunitários. Aqui, as relações entre Estado, Sociedade e Mercado são tensionais mas gestadas em níveis de suportabilidade e civilidade mínimos, ensejando a coexistência de múltiplos centros de deliberação e execução de políticas públicas, fruto da interlocução de também múltiplos (e novos) atores sociais. Estamos falando de sociedades com certo grau de desenvolvimento econômico e social, cujos índices de exclusão são diminuídos e diferenciados no que tange à natureza, itensidade, amplitude, etc., e em que o debate sobre a participação e as demandas se circunscre-

---

[289] Podemos dar o exemplo aqui da experiência do Orçamento Participativo de Porto Alegre-RS, mecanismo de consulta e participação popular na estipulação dos gastos públicos face às demandas públicas. Nesse sentido, ver o texto de Navarro, Zander. *Uma análise do orçamento participativo: a experiência de Porto Alegre*. In Porto da cidadania. Porto Alegre, Artes e Ofícios, 1997, p. 179 e seguintes.

[290] Podemos citar aqui, de forma mais radical, a experiência da União Soviética sob o jugo do Comitê Central do Partido Comunista. Ver o texto de WALZER, Michael. *Las esferas de la justicia*. México, Fondo de cultura económica, 1993, p. 159.

vem a direitos e prerrogativas não mais primários (alimentação, saúde, trabalho, habitação)[291].

Por fim, uma terceira forma de visualizarmos a democracia contemporânea - excetuando a modalidade da liberal clássica, alicerçada sobre o mercado tão-somente - é a que se constitui a partir de uma pretensa aliança entre Mercado e Estado, visando a assegurar o crescimento econômico como desenvolvimento social integrado. Neste modelo, o Estado figura como agente regulador das relações econômicas e sociais, utilizando sua condição de detentor da força física legítima para não permitir que as *ondas* da economia avassalem as categorias sociais atingidas. Por óbvio que o âmbito de participação efetiva da sociedade se dá através dos setores já organizados e com poder de comunicação/coação constituídos (partidos políticos, parlamento, setor empresarial, organizações de classe e categorias profissionais, instituições nacionais e internacionais tradicionais - bancos, multinacionais)[292].

Na acepção da democracia liberal clássica, como vimos anteriormente, o processo democrático consiste na tarefa de conceber e programar o Estado de acordo com o interesse da sociedade, porém, aqui entendido o Estado como o aparato da Administração Pública, e sociedade como "sistema de tráfico de las personas privadas y de su trabajo social, estructurado en términos de economía de mercado"[293].

---

[291] Podemos fazer referência à sociedade americana do governo Clinton, em que é perceptível o nível de atendimento de boa parte daquelas demandas sociais referidas como primárias e a conseqüente articulação da sociedade civil organizada, pressionando e mesmo induzindo o governo no atendimento de outros direitos prometidos constitucionalmente. Ver nesse sentido o texto de FALK, Richard. *The Making of Global Citizenship*. In The Condition of Citizenship. Berkley: Bart van Steenbergen,1999, p. 83.

[292] Uma das propostas que aqui pode ser esboçada é a de Guidens, Anthony. *Two Theories of Democratization*. In Beyond Left and Right: the future of radical politics. London, Verso, 1994.

[293] Op. cit., p. 42.

Notadamente, tanto a perspectiva do Estado como a do Mercado - no Liberalismo - não se mostraram suficientes para dar conta da complexidade das relações sociais e políticas da modernidade, marcadas que estão por multifacetados ambientes e cenários (culturais, religiosos, raciais, etc.), deixando pois a descoberto expectativas e carências as mais diversas (educação, saúde, habitação, trabalho, lazer, previdência, segurança, etc.).

Em razão disso, estamos convencidos de que, numa concepção mais ampliada e crítica de espaço público e de gestão pública (em que a Sociedade figura em postura estratégica, enquanto razão fundante deste próprio espaço e gestão), eles se apresentam como o único lugar possível de assegurar a prática do entendimento entre os cidadãos. É aqui, garantidos o aparecimento e a explicitude das razões de justificação e fundamentação da ação política (no sentido de constituição do real/social) que podemos pôr à prova nossas perspectivas e propostas de vida em comunidade, elegendo, sempre, o que queremos para nossas vidas[294]. Em outras palavras, a democracia contemporânea pensada numa perspectiva processual, garantidora de processos democráticos de exercício do poder público.

---

[294] Por óbvio que isso implica um consectário conceito de cidadania e de cidadão, como fizemos referência no capítulo anterior, isto é, atores sociais que não se contentem com a noção também clássica do liberalismo de cidadão, como sujeito de direito que possui a seu favor um conjunto de direitos subjetivos, de caráter negativo, eis que garantem um âmbito de opção dentro do qual aqueles sujeitos ficam livres de coações externas. O cidadão de que estamos falando aqui é aquele que tem consciência da natureza positiva dos seus direitos e prerrogativas, dentre os quais os de participação e de comunicação política, "cuyo ejercicio es lo que permite a los ciudadanos convertirse en aquello que quieren ser, en sujetos políticamente responsables de una comunidad de libres e iguales. Habermas, Jürgen. Tres modelos de Democracia: sobre el concepto de una política deliberativa". Op. cit., p. 44.

4. Concepções tradicionais de Estado Democrático de Direito

Até o presente momento, tem-se claro que a linha política e filosófica de desenvolvimento das questões afetas à administração dos interesses públicos ou coletivos e aos poderes instituídos, ao menos no Ocidente, vem matizada pela cultura dos séculos XVI a XVIII, especialmente com os precursores do modelo de Estado Liberal, mais notadamente a partir do advento das Revoluções Francesa e Americana. Nesse sentido, concordamos com Habermas quando sustenta que um produto genuíno da Revolução Francesa foi a constituição de um modelo de Estado Nacional, eis que a partir dela são constituídos uma série de princípios e fundamentos racionais para a justificação do poder político[295].

Em meio a este conjunto de acontecimentos políticos, forja-se uma certa consciência de entorno crítica e reflexiva sobre os fenômenos societais que envolvem o jogo da política, próxima talvez daquilo que Habermas chama de consciência revolucionária, aqui entendida como uma nova mentalidade social, caracterizada por uma nova consciência do tempo, um novo conceito de práxis política e uma nova noção de legitimação.

"Específicamente modernas son la conciencia histórica que rompe con el tradicionalismo de las continuidades generadas espontáneamente; la compreensión de la práxis política bajo el signo de la autodeterminación y la autorrealización; y la confianza en el discurso racional mediante el cual

---

[295] Habermas, Jürgen. *La soberanía popular como procedimento: un concepto normativo de lo público. In* Herrera, María. *Jürgen Habermas: moralidad, ética y política*. México, Alianza Editorial, 1994, p. 30. Refere ainda o autor no texto que as idéias forjadas na Revolução dizem respeito àquelas que inspiraram o Estado Democrático de Direito, e mais, que "democracía y derechos humanos constituyen el núcleo universalista del Estado constitucional que, com diferentes variantes há surgido de las revoluciones Americana y Francesa".

deberá legitimarse cualquier forma de dominación política."[296]

A partir daqui, vislumbra-se a possibilidade de que a única perspectiva racional e moderna que se pode ter de Poder Político e de seu exercício é a da cidadania, ou seja, a crença de que "los individuos emancipados están llamados a constituirse, conjuntamente, en autores de su destino. En sus manos está el poder de decidir sobre las reglas y modalidades de su convivencia"[297]. E o fazem, através de um pacto social instituidor da esfera institucional-jurídica do Poder: o Estado nominado de Democrático.

Se, de um lado, o enfrentamento teórico de temas como a soberania, legitimidade do poder, participação popular nas decisões políticas do Estado, de uma certa forma, resgata a reflexão sobre a democracia e sua associação com a tutela dos interesses efetivamente públicos e majoritários do corpo social - vontade geral; de outro lado, não há como negar que é na figura do Estado que se vai encontrar um dos espaços públicos necessários à análise e reflexão dos assuntos polemizados.

Contudo, ao se falar de Estado, direta ou indiretamente, fala-se de ordem jurídica, pois, desde Max Weber, é possível reconhecer a forma específica de legitimidade do Estado moderno como sendo a sua reivindicação para que as suas ordens sejam reconhecidas como vinculatórias porque são legais, isto é, porque emitidas em conformidade com normas gerais e apropriadamente promulgadas[298].

---

[296] Habermas, Jürgen. *La soberanía popular como procedimento: un concepto normativo de lo público.* op. cit., p. 34.

[297] Idem, p. 36.

[298] Vai-se retornar este tema mais adiante, quando da crítica a este modelo, entretanto, é oportuno lembrar a posição de Poggi, Gianfranco. *A evolução do Estado Moderno.* Rio de Janeiro, Zahar, 1981, p. 139: "... a forma motivadora de tal noção é relativamente frágil porque não evoca um poderoso ideal substantivo, um padrão universalmente compartilhado de validade intrínseca mas, pelo contrário, refere-se a considerações puramente formais e sem conteúdo de correção processual".

Esta figura do Estado com poder de mando, como poder com força imperativa para criar um conjunto de regras de comportamento, postulá-las como obrigatórias e fazê-las cumprir, evidencia o estreito relacionamento que ele mantém com o direito, daí a concepção de Estado de Direito - predecessor do Estado Democrático de Direito.

Compreende-se, assim, que o Estado de Direito é concebido como um muro de contenção ao absolutismo, e a lei, como emanação da vontade do povo e não como expressão da vontade do governante, o que precisa ainda ser debatido e recuperado em cada ciclo da história. Ainda com Habermas:

> "El poder democrático del Estado no representa ningún poder originário. Ese poder procede más bien del poder comunicativamente generado en la práctica de la autodeterminación de los ciudadanos y se legitima si y porque, por vía de institucionalización de la libertad pública, protege esa práctica. La jurisdicción de la existencia del Estado no radica primariamente en la protección de iguales derechos subjetivos privados, sino en que garantiza un proceso inclusivo de formación de la opinión y la voluntad políticas, en el que ciudadanos libres e iguales se entienden acerca de qué fines y normas redundan en interés común de todos".

A participação do Estado enquanto pessoa jurídica de direito público na vida social, pois, é indiscutivelmente grande em todos os momentos da cultura ocidental, principalmente após a Segunda Guerra Mundial, tendo ele adquirido um conteúdo econômico e social, para realizar, dentro de seus quadros, a nova ordem de trabalho e distribuição de bens (o Estado Social de Direito). "O Estado Social de Direito correspondia a essa necessidade, opondo-se à anarquia econômica e à ditadura para resguardar os valores da civilização."[299]

---

[299] Vidal Neto, Pedro. *Estado de Direito*. São Paulo, LTr. 1979, p. 165.

O modelo de Estado Social de Direito é recepcionado pela Constituição de Bonn, em 1949, qualificando a Alemanha como um Estado Democrático e Social de Direito, que busca fundamentalmente a justiça e o bem-estar social.

Nesse contexto, ao lado de uma efetiva preocupação com o social, é possível também perceber o surgimento de um discurso ideológico que pretende assegurar uma certa lógica aos poderes instituídos, fazendo com que as divisões e as diferenças sociais apareçam como simples diversidade das condições de vida de cada cidadão, e a multiplicidade de instituições forjadas pelo e no Estado, longe de representar pluralidades conflituosas, surgem como conjunto de esferas identificadas umas às outras, harmoniosa e funcionalmente entrelaçadas, condição para que um poder unitário se exerça sobre a totalidade do social e apareça, portanto, dotado da aura da universalidade, que não teria se fosse obrigado a admitir realmente a divisão efetivada da sociedade em classes[300].

Oportuna a lembrança de Marilena Chauí[301], ao dizer que:

> "Para ser posto como o representante da sociedade no seu todo, o discurso do poder já precisa ser um discurso ideológico, na medida em que este se caracteriza, justamente, pelo ocultamento da divisão, da diferença e da contradição".

De qualquer sorte, quando se fala em Estado Democrático de Direito, ao menos no âmbito da era contemporânea, pode-se frisar como características, por um lado, as fornecidas por Elias Diaz[302]: a) império da lei: lei

---

[300] Veja-se que, se tal divisão fosse reconhecida, teria o Estado de assumir-se a si mesmo como representante de uma das classes da sociedade. Nesse sentido ver o texto de Sartori, Giovanni. *Elementi di teoria politica*. Milano, Tassino, 1998, p. 63.

[301] Chauí, Marilena. *Cultura e Democracia*. São Paulo, Cortez, 1989, p. 21.

[302] Diaz, Elias. *Estado de Derecho y Sociedad Democratica*. Madrid, Cuadernos para el diálogo, 1975, p. 29.

como expressão da vontade geral; b) divisão dos poderes: Legislativo, Executivo e Judiciário; c) legalidade da administração, atuação segundo a lei e suficiente controle judicial; d) direitos e liberdades fundamentais: garantia jurídico-formal e efetiva realização material.

Na mesma linha de reflexão, deve-se considerar, por oportuno, que, nos países da denominada *common law*, desde a revolução de Cromwell, encontram-se demarcados os pressupostos do *rule of law*, sintetizados em três pontos por Dicey[303]: a) a ausência de poder arbitrário por parte do Governo; b) a igualdade perante a Lei; c) as regras da Constituição são a conseqüência, e não a fonte dos direitos individuais, pois, os princípios gerais da Carta Política são o resultado de decisões judiciais que determinam os direitos dos particulares em casos trazidos perante as cortes.

É o império da lei que se impõe, devendo significar que o legislador mesmo se vincule à própria lei que cria, tendo presente que a faculdade de legislar não é instrumento para uma dominação arbitrária. Esta vinculação do legislador à lei, entretanto, para *os bons homens dotados de boas intenções*, só é possível na medida em que ela seja constituída com certas propriedades/pressupostos: moralidade, razoabilidade e justiça, por exemplo.

Entretanto, a história nos mostra que "la validez simplesmente formal de las leyes establece el contraste entre ley y justicia, así como dentro de la recta razón de la ordenación legal con miras al bien común y la voluntad del legislador; o en otros términos, entre el imperio de la ordenación racional y el imperio de la voluntad del hombre"[304].

Esta leitura do Estado Democrático de Direito como condições e possibilidades de governos regidos pelos

---

[303] Ver o texto de Dicey, Carl. *Introduction to the study of the law the constitution*. London, MacMillan, 1981, p. 202.

[304] Hurtado, Juan Guillermo Ruiz. *El Estado, el Derecho y el Estado de Derecho*. Colombia, Javeriana, 1996, p. 245.

termos da Lei não é suficiente quando se pretende enfrentar os conteúdos reais da existência de sociedades dominadas pelas contradições econômicas e culturais e de cidadanias esfaceladas em sua consciência política. Em outras palavras, o modelo clássico da democracia liberal, ao designar um único e verdadeiro padrão de organização institucional baseado na liberdade tutelada pela lei, na igualdade formal, na certeza jurídica, no equilíbrio entre os poderes do Estado, abre caminho à conquista da unanimidade de um conjunto de atitudes, hábitos e procedimentos, os quais, geralmente, refletem a reprodução do *status quo*. Em tal quadro, compete ao Estado (Liberal de Direito) tão-somente regular as formas de convivência social e garantir sua conservação; a economia se converte numa questão eminentemente privada, e o direito, por sua vez, se torna predominantemente direito civil, consagrando os princípios jurídicos fundamentais ao desenvolvimento capitalista, como os da autonomia da vontade, da livre disposição contratual e o da *pacta sunt servanda*.

É bom lembrar as palavras de José Eduardo Faria:

"Ao regular as relações e os conflitos sociais num plano de elevada abstração conceitual, sob a forma de um sistema normativo coerentemente articulado do ponto de vista lógico-formal, a lei nada mais é do que uma ficção a cumprir uma função pragmática precisa: fixar os limites das reações sociais, programando comportamentos, calibrando expectativas e induzindo à obediência no sentido de uma vigorosa prontidão generalizada de todos os cidadãos, para a aceitação passiva das normas gerais e impessoais, ou seja, das prescrições ainda indeterminadas quanto ao seu conteúdo concreto"[305].

---

[305] No mesmo texto (p. 34), o autor adverte para o fato este recurso usado pelo sistema estatal vigente, valendo-se de normas crescentemente indeterminadas e conceitualmente abstratas termina por representar, sob a fachada de um formalismo jurídico dotado de funcionalidade legitimadora, a concen-

Para José Maria Gomez[306], contrariamente ao que defende a doutrina do Estado Liberal de Direito, o jurídico é antes de mais nada político; o direito positivo não é uma dimensão autônoma do político e um fundamento do Estado, mas uma forma constitutiva do mesmo e submetido a suas determinações gerais. Em face de tais razões, o culto da lei e a separação dos poderes se interpõem como véu ideológico que dissimula e inverte a natureza eminentemente política do direito.

Mantida a antiga perspectiva, eminentemente formalista e neutral, há uma tendência ainda majoritária, principalmente na América Latina, de se reduzir o modelo de Estado de Direito a uma vinculação e controle do ordenamento jurídico vigente, sem, portanto, dar-se atenção ao processo legislativo como um fórum de enfrentamento ideológico e político, mas tão-somente técnico; ou perceber-se que, do mesmo modo que o Estado denominado de Direito, o próprio Direito e a Lei representam uma forma condensada das relações de força entre os grupos sociais que determinam a sua origem, seu conteúdo e a lógica de seu funcionamento.

Pode-se dizer, enfim, que a idéia de Estado Democrático de Direito, como o próprio tema da Democracia, passa pela avaliação da eficácia e legitimidade dos procedimentos utilizados no exercício de gestão dos interesses públicos e sua própria demarcação, a partir de novos espaços ideológicos e novos instrumentos políticos de participação (por exemplo, as chamadas organizações populares de base), que expandem, como prática histórica, a dimensão democrática da construção social de uma cidadania contemporânea, representativa da intervenção consciente de novos sujeitos sociais neste processo. Como lembra Warat:

tração dos processos decisórios no interior da ordem burocrática institucionalizada pelas esferas de poder oficiais, voltada à articulação, negociação e ajuste dos interesses dos grupos sociais e frações de classe mais mobilizadas.

[306] Gomez, José Maria. *Surpresas de uma crítica: a propósito de juristas repensando as relações entre o direito e o Estado.* Rio de Janeiro, Zahar, 1984, p. 107.

"No existe nada de antemano establecido como sentido del Estado de derecho, la enunciación de sus sentidos sera permanentemente inventada para permitir una gobernabilidad no disociada de las condiciones democraticas de existencia."[307]

Por óbvio que há alguns custos operacionais e políticos no centro dessa concepção procedimentalista de democracia e de Estado Democrático de Direito, eis que demandam um tempo e um trabalho diferido da ação política, pois implica - necessariamente - formas e mecanismos de estímulo, participação e deliberação coletiva dos envolvidos e alcançados com aquela ação, e, sendo a lógica dominante do tempo e do trabalho a do mercado, as decisões que requerem um tempo e um trabalho maior supõem um custo mais elevado que as decisões rápidas. Em outras palavras, para os padrões hegemônicos de ação política dos Estados Liberais de Direito, aqueles custos envolvem baixa produtividade, ineficácia, imobilismo e paralisia decisional.

Mister é que se perceba, todavia, que o problema do tempo e do trabalho acima referido, sob a ótica reativa da não-abertura à participação social, revela-se como falso, eis que é a própria dinâmica tradicional da democracia representativa que não dá conta das demandas que lhes são postas cotidianamente. O problema real aqui é o que diz respeito, de um lado, aos métodos de formação dos órgãos decisórios, e, de outro, as normas e os procedimentos que regem a tomada de decisões[308].

---

[307] Warat, Luis Alberto. *Fobia al Estado de Derecho*. Anais do Curso de Pós-Graduação em Direito: Universidade do Alto Uruguai e Missões. 1994, p. 18. Ou como quer Habermas, "sólo como proyecto histórico es Estado democrático de derecho adquiere un sentido normativo que va más allá de lo meramente jurídico, y con ello, poder explosivo y fuerza creadora a la vez". HABERMAS, Jürgen. *La soberanía popular como procedimento: un concepto normativo de lo público*. op. cit., p. 38.

[308] Veja-se que esse tema é deveras complexo e demanda uma abordagem, na verdade, de elementos que envolvem a Teoria da Democracia, matéria que refoge este ensaio, pois a regra fundante que anima a postura adotada

Importa reconhecer que inexistem regras absolutas a indicar fórmulas ou equações políticas para atender o modelo procedimentalista de democracia e de governo, mas indicadores já alinhados na abordagem anterior. Vejamos, agora, como é possível pensar o Estado Democrático de Direito no Brasil.

5. O Estado Democrático de Direito no Brasil e seus princípios informativos

De uma certa forma é possível afirmar que os movimentos políticos e constitucionalistas no Brasil se caracterizam pela formalização de interesses setoriais da sociedade local, protegendo, como sempre, uma minoria bastante abastada e, sob os ventos do racionalismo enciclopedista europeu, criaram, desde o final do século XIX, um grupo de intelectuais e juristas que exigiram a colocação da vida nacional sob a égide de uma Lei escrita revestida de caracteres especialíssimos, nos moldes do que vem a ocorrer na França de 1789 e nas colônias inglesas da América em 1776[309].

Com a progressiva invasão do capital internacional no Brasil, opera-se uma crescente desnacionalização do poder político. Tal situação se evidencia na elaboração das Cartas Políticas - 1891,[310] a reforma de 1926, as cartas

---

diz respeito à busca da unanimidade das maiorias qualificadas, o que implica que a parte maior obtenha o apoio da menor em termos de representação social, e não a lógica da exclusão das minorias em face de um critério meramente quantitativo.

[309] É elucidativo, aqui, o texto de Faoro, Raymundo. *Os donos do poder*. Porto Alegre, Globo, 1978.

[310] É interessante lembrar que, tanto a Constituição de 1824 como a de 1891, a despeito de marcarem períodos históricos diferentes, caracterizam-se pelas mesmas influências liberais-democráticas, sacralizando a manutenção da propriedade privada e a liberação dos ajustes econômicos de interesses setoriais no Brasil. Adverte Wolkmer, Antônio Carlos. *Elementos para uma Crítica do Estado*. Porto Alegre, Fabris. 1990, p. 33, que "ambos os textos representam o controle político-econômico das oligarquias agroexportado-

de 1934, de 1937 e de 1946, - e nas Leis infraconstitucionais. Este capital estrangeiro, centrado na indústria, na mineração e no aproveitamento hidrelétrico, influencia, por intermédio de seus advogados enquistados na administração e no Congresso, as normas de proteção de suas atividades e a formação da estrutura do Estado a seu favor.

> "O horizonte ideológico do constitucionalismo político do período pós-independência traduziu não só o jogo dos valores institucionais dominantes e as diversificações de determinado momento da organização político-social, como também expressou a junção notória de algumas diretrizes, como o liberalismo econômico sem a intervenção do Estado, o dogma da livre iniciativa, a limitação do poder centralizador do governante e a supremacia dos direitos individuais."[311]

Este tipo de industrialização, por sua vez, faz surgir um proletariado que tende a organizar-se em sindicatos, corporações ou partidos políticos. Suas reivindicações crescem em peso e em qualidade; exigem modificações na estrutura do Estado, postulando maior participação, denunciando os privilégios obtidos pelos setores mais poderosos, notadamente o capital estrangeiro.

Com o significativo avanço das forças populares ocorrido no início da década de 1960, a burguesia nacional, aliada às empresas multinacionais, corre o risco de perder, em eleições, o controle da estrutura do Estado. Tal fato leva as forças políticas comprometidas com os grupos dominantes - entre eles a maior parte do clero - e

---

ras, que, enquanto parcelas hegemônicas no poder, demarcam todo o quadro da evolução do Constitucionalismo político compreendido entre a independência do país e o fim da Velha República. Os textos constitucionais cristalizam negociações onde sobressaíam a predominância de frações definidas da classe dominante e uma instrumentalização ampla do Estado no sentido de suas proposições".

[311] Op. cit., p. 29.

o exército, a recorrerem ao golpe de Estado de março de 1964. Estes grupos substituíram a Constituição liberal de 1946 pelas autoritárias de 1967 e 1969, sujeitas ao poder discricionário da Ditadura.

Pode-se evidenciar, com absoluta nitidez, que as estruturas do Estado brasileiro permanecem, neste período, centralizadas no poder da Presidência da República e nos organismos de informação das forças armadas, controlando todos os órgãos da administração federal, estadual e municipal, incluindo, de forma indireta, o Poder Legislativo e Judiciário; manutenção de leis repressivas e o comando da economia pelo capital internacional, através de uma dívida externa que as autoridades competentes não ousam questionar.

O que se quer sublinhar com estas reflexões é que a história política e constitucional brasileira, antes de forjar uma tradição democrática e popular na elaboração de seus comandos jurídicos, soube tão-somente estabelecer pactos e compromissos com um grupo minoritário de indivíduos, detentores da maior parcela do mercado de produção e capitais.

Na verdade, as normas contidas nos textos constitucionais brasileiros (elas servem como um parâmetro de interpretação da organização social), até a Carta de 1988, estabelecem pautas de comportamentos e condutas somente ao cidadão. Nestes períodos, de forma visível e até radical, percebe-se a drástica distância que pode existir entre Constituição e Sociedade, quando esta é construída a despeito das demandas populares, servindo fundamentalmente para delimitar o que pode e o que não pode ser feito pelo cidadão, impondo um tipo de vida e aceitação das estruturas políticas, econômicas e culturais vigentes[312].

---

[312] Ver o texto de Bonavides, Paulo. *Política e Constituição: os caminhos da democracia*. Rio de Jáneiro, Forense, 1985, p. 176 e ss.

Por um lado, a Assembléia Constituinte que elabora a Constituição de 1988 não demonstra no próprio processo de construção da nova Carta respeito à representação popular que a constitui, deixando de interagir com as reais e profundas demandas sociais. Com tal feição, o Congresso se utiliza de práticas fisiológicas e clientelísticas, fazendo com o que o jogo político continue significativamente dependente das negociações que se travam no âmbito do Executivo.

Por outro lado, entre avanços e recuos, a Constituinte consegue, pela insistência de poucos segmentos políticos, alinhavando compromissos em torno de temas ligados a grande parte da população brasileira, insculpir no texto final matérias de ampla abrangência social, contemplando vários direitos fundamentais que a modernidade relegou à sociedade política e nominando a república como um Estado Democrático de Direito - art. 1º, *caput*.

Porém, tais avanços formais, por si só, não são suficientes para viabilizar mudanças estruturais na forma de constituição e operacionalização do poder político nacional, gestado por um poder burocrático-estatal centralizado. Contudo, pode-se afirmar que, como referencial jurídico, a Carta de 1988 alargou significativamente a abrangência dos direitos e garantias fundamentais, com o objetivo de assegurar o exercício dos direitos sociais e individuais, a liberdade, a segurança, o bem-estar, o desenvolvimento, a igualdade e a justiça, como valores supremos de uma sociedade fraterna, pluralista e sem preconceitos.

Nos seus artigos introdutórios, a Constituição estabelece um conjunto de princípios que delimitam os fundamentos e os objetivos da República. Dentre estes, destacam-se a cidadania e a dignidade da pessoa humana. (arts. 1º e 3º). Assim, construir uma sociedade livre, justa e solidária, garantir o desenvolvimento nacional, erradicar a pobreza e a marginalização, reduzir as desigualdades sociais e regionais e promover o bem de todos sem preconceitos de origem, raça, cor, sexo, idade e quaisquer outras formas de discriminação, constituem os objetivos fundamentais do Estado brasileiro[313].

Cumpre analisar, agora, qual a natureza dos nominados *princípios constitucionais* insertos no ordenamento jurídico pátrio.

Mesmo considerando a existência do princípio da unidade da Constituição, vigente desde há muito na tradição constitucional do Ocidente, segundo o qual todas as suas normas apresentam o mesmo nível hierárquico, existem, para a moderna teoria constitucional, duas modalidades distintas de normas dentro da Carta Política: (1) as denominadas normas-princípios e as normas-disposições, compondo um todo junto ao ordenamento jurídico[314].

As normas-princípios afiguram-se como mandamentos estruturais e indispensáveis à organização da regulação jurídica e ordenação social, ou, como quer Celso Mello[315], "são disposições fundamentais que se irradiam sobre diferentes normas, compondo-lhes o espírito e servindo de critérios para sua exata compreensão e inteligência".

Estes princípios contêm valores políticos e sociais fundamentais ditados pela sociedade, de forma explícita ou implícita, concretizados em diversas normas da Constituição ou cuja concretização a Constituição impõe.

---

[313] Destaca-se aqui o caráter privilegiador garantido à temática dos direitos fundamentais, outorgando-lhes, ainda, a natureza de cláusula pétrea, nos termos do art. 60, § 4º, IV.

[314] Neste sentido ver o texto de Canotilho, José Joaquim Gomes. *Direito Constitucional.* Coimbra, Almedina, 1999.

[315] Mello, Celso Antônio Bandeira de. *Elementos de Direito Administrativo.* São Paulo, Revista dos Tribunais. 1990, p. 230.

A contemporânea teoria constitucional alemã, com Hesse[316], Häberle[317] e sua versão portuguesa, com Canotilho[318], dá conta de que os princípios são exigências de otimização abertas a várias concordâncias, ponderações, compromissos e conflitos, como os princípios do Estado Democrático de Direito, da igualdade, da liberdade, etc.

No âmbito ainda da cultura jurídica brasileira, pode-se citar, a título de ilustração argumentativa, o ensinamento de Carlos Maximiliano[319], para quem "todo o conjunto de regras positivas representa sempre e apenas o resumo de um complexo de altos ditames, série de postulados que enfeixam princípios superiores. Constituem estes as idéias diretivas do hermeneuta, os pressupostos científicos da ordem jurídica". José Afonso da Silva, reconhecido constitucionalista brasileiro, denomina os mandamentos jurídicos do Título I da Carta de 1988 como princípios político-constitucionais, eis que configuram "decisões políticas fundamentais concretizadas em normas conformadoras do sistema constitucional positivo, e são, segundo Crisafulli, normas-princípio, isto é, normas fundamentais de que *derivam logicamente (e em que, portanto, já se manifestam implicitamente)* as normas particulares regulando imediatamente relações específicas da vida social"[320].

Ainda, no que tange aos princípios gerais, temos o tema dos princípios fundamentais que, em nosso sentir, dão o sentido axiológico-normativo à idéia de Estado Democrático de Direito, eis que, "na sua qualidade de princípios constitucionalmente estruturantes, os princí-

---

[316] Hesse, Konrad. *A força normativa da constituição.* Porto Alegre, Fabris. 1991.

[317] Häberle. Peter. *Hermenêutica constitucional.* Porto Alegre, Fabris.1997.

[318] Canotilho, José J. Gomes. *A Constituição Dirigente e vinculação do legislador.* Coimbra, Coimbra.1997.

[319] Maximiliano. Carlos. *Hermenêutica e Aplicação do Direito.* Rio de Janeiro, Forense. 1998.

[320] Silva, José Afonso da. *Curso de Direito Constitucional Positivo.* São Paulo, Malheiros. 1998.

pios fundamentais devem ser compreendidos na sua ligação concreta com uma determinada ordem jurídico-constitucional, historicamente situada, e embora não sejam princípios transcendentes, eles podem ser sempre tomados como dimensões paradigmáticas de uma ordem constitucional justa, à luz de critérios historicamente sedimentados"[321].

São nesses princípios - ao lado do plexo que constitui o sistema jurídico como um todo no país - que se fundam a crença generalizada segundo a qual as garantias oferecidas pelos Direitos Fundamentais constituem o fundamento reconhecido do caráter constitucional do Estado Democrático de Direito, isto é, de uma ordem de que devem reclamar-se para serem legítimos a dominação, o poder e a força[322].

Significa dizer que a concepção contemporânea de uma ordem constitucional legítima, principalmente no Brasil, não pode dissociar-se da temática dos Direitos Humanos e Fundamentais, porque é exatamente na proteção destes direitos que vêm a convergir as duas dimensões do conceito de legitimidade que temos adotado ao longo deste trabalho, a saber: a justificação-explicação de uma ordem de domínio; e a fundamentação última da ordem normativa.

6. Considerações finais

No campo da Administração Pública brasileira, uma das alternativas vozes de gestão pública, Tarso Genro,[323] vem alertando que, numa sociedade, como a

---

[321] Canotilho, José J. Gomes. Op. cit., p. 71/72.

[322] Neste sentido ver o excelente trabalho de Pinto, Luzia Marques da Silva. *Os limites do Poder Constituinte e a Legitimidade Material da Constituição.* Coimbra, Coimbra, 1997.

[323] Genro, Tarso. *Nova crise do Direito e do Estado.* Artigo publicado na Folha de São Paulo, 1997.

brasileira, divida em grupos tão diferenciados e composta de incluídos e excluídos do modelo de desenvolvimento que se apresenta, começa a abalar a tão decantada segurança jurídica ocidental, em que os padrões de convívio civilizado tornam-se cada vez mais artificiais, escondendo conflitos extremos.

Para esse autor, nesta sociedade,

> "A crise da eficácia e representatividade do Estado moderno vem sendo acobertada politicamente pelo ideário neoliberal, que traduz a submissão da política, da cultura, da educação, etc, às necessidades espontâneas de um novo salto no processo de acumulação, organicamente organizado pelo capital financeiro em escala mundial."[324]

Torna-se fácil, em tal quadro, como uma das alternativas às diversas crises institucionais relatadas, a conclusão de que os princípios supra-referidos têm a função de delimitar os campos e possibilidades, de interpretação e integração, das demais normas constitucionais e infraconstitucionais, ou seja, qualquer criação, interpretação e aplicação de lei ou ato de governo deve ter como fundamento o comando da norma que diz ser a República Federativa brasileira um Estado Democrático de Direito, com objetivos claros a perseguir e tutelar (art.3º), o que significa estabelecer responsabilidades e prioridades políticas interventivas em todos os campos das demandas sociais explícitas e reprimidas.

Neste sentido, por exemplo, a ordem econômica deve assegurar a todos existência digna (art. 170, CF/88), enquanto a ordem social deve visar à realização da justiça social (art. 193), e a educação, o preparo do indivíduo para o exercício da cidadania (art. 205).

De outro lado, uma vez que a legitimidade do texto constitucional - e toda e qualquer ordem jurídica pátria -

---

[324] Genro, Tarso. *O novo espaço público*. Artigo publicado na Folha de São Paulo, 09/06/96. Suplemento Mais, p. 3.

tem seu sustentáculo principiológico e político neste Título I, pode-se também concluir que o plano de eficácia dos Poderes do Estado é medido pela busca, pelo respeito e pela garantia dos Direitos Humanos ou Fundamentais,[325] *lato sensu*, principalmente após a promulgação, em nossa legislação interna, dos textos convencionais conhecidos como Pacto Internacional de Direitos Civis e Políticos e a Convenção Interamericana de Direitos Humanos, consoante os Decretos nº 592, de 06.07.1992 , e o nº 678, de 06.11.1992.

Tal raciocínio afasta a idéia de que o Constituinte de 1988 pretende instituir, kelsenianamente, um mero Estado de Legalidade, apenas formalmente ligado à Constituição, mas, ao contrário, faz crer que a ênfase dada pelos objetivos, fundamentos e princípios constitucionais à República brasileira é a de se constituir em um efetivo Estado Democrático, que, por sua vez, implica o reconhecimento da postura interventiva e constante do Poder Público à efetivação/concretização das normas constitucionais, como parte de seu poder/dever institucional.

A despeito disso e paradoxalmente, a história nacional convence que a Lei, inclusive a Constituição, veiculada pelo Estado, é imposta à comunidade, em nome de um pacto ou consenso meramente formal, cuja vigência, eficácia e validade não são discutidas pelos seus destinatários, eis que tais categorias são lidas tãosomente no âmbito intra-sistêmico do processo legislativo formal e de sua adequação procedimental junto às instâncias oficiais de aplicação da norma jurídica. A Constituição, nesta ótica, se apresenta como sendo a expressão verbal da normatividade de uma dominação, que em verdade é exercida para manter ou colocar no poder uma determinada elite.

---

[325] Ver nosso texto: Leal, Rogério Gesta. *Perspectivas Hermenêuticas dos Direitos Humanos e Fundamentais no Brasil*. Porto Alegre, Livraria do Advogado, 2000.

Ferrajoli[326], indo ao encontro de nossa reflexão, conclui sobre a existência de uma crise do Direito e do Estado, resultado do constante afastamento e passividade das autoridades competentes das demandas mais emergentes de sua cidadania, apresentando três aspectos dela: (1) *Crise de Legalidade,* identificando-a como a crise do valor vinculativo associado às regras pelos titulares dos poderes públicos, que se exprime na ausência ou na ineficácia dos controles, e portanto na variada e espetacular fenomenologia da ilegalidade do poder. Tal crise revela uma *crise constitucional,* evidenciada pela progressiva erosão do valor das regras do jogo institucional e do conjunto dos limites e dos vínculos por elas impostos ao exercício do poder público.

Há, de outro lado, uma (2) *Crise de inadequação estrutural das formas de Estado de Direito* às funções do *Welfare State,* agravada pela acentuação do seu caráter seletivo e desigual, em conseqüência da crise do Estado Social. A deteriorização da forma da lei, a incerteza gerada pela incoerência e pela inflação normativa e, sobretudo, a falta de elaboração de um sistema de garantias dos direitos sociais, comparável, pela capacidade de regulação e de controle, ao sistema das garantias tradicionais disponíveis para a propriedade e a liberdade, representa de fato, não só um fator de ineficácia dos direitos, mas também o terreno mais fecundo para a corrupção e para o arbítrio.

Por fim, há uma evidente (3) *Crise do Estado Social* manifestada pelo deslocamento dos lugares de soberania, com a alteração do sistema de fontes jurídicas, o que gera um enfraquecimento do constitucionalismo. O processo de globalização econômica deslocou para fora das fronteiras dos estados nacionais as sedes das decisões tradicionalmente reservadas à sua soberania, tanto em

---

[326] Ferrajoli, Luigi. "O Direito como sistema de garantias". *In O Novo em Direito e Política.* Porto Alegre, Livraria do Advogado, 1997, p. 89.

matéria militar, de política monetária e de políticas sociais. Com estas novas fontes de produção jurídica - como as do Direito Europeu Comunitário (diretivas, regulamentos), e depois do Tratado de Maastricht, decisões em matéria econômica e até militar são subtraídas do controle parlamentar e, simultaneamente, a vínculos constitucionais, quer nacionais, quer supranacionais.

Esta tríplice crise do Direito corre o risco de gerar uma crise da democracia, pois elas se apresentam, em última análise, como uma crise do princípio da legalidade, sobre o qual se fundam quer a soberania popular, quer o paradigma do Estado Democrático de Direito, permitindo a reprodução no âmbito dos próprios ordenamentos jurídicos de formas neo-absolutistas de poder público, isentas de limites e de controles e governadas por interesses fortes e ocultos.

Talvez, em termos de laboratório de governo democrático, as administrações locais em cidades estratégicas possam e devam ser palco de experimentos políticos de alcance universal, à medida que instituem um processo combinado de democracia representativa com formas democráticas diretivas de caráter voluntário, gerando normativas de uma nova relação Estado-sociedade, articulando a representação política com a mobilização desta nova esfera pública não-estatal, que já existe independente da decisão estatal.

Conclusões

Ao logo deste trabalho, diversas questões foram tratadas sobre o Estado, o Direito e a Democracia, a partir de um olhar direcionado pelos andares da filosofia política moderna e contemporânea. Rever os clássicos que problematizam o Estado é tarefa sempre necessária à demarcação de um referencial histórico e filosófico na análise dos tempos modernos, pois resgata valores, princípios, modelos de organização e mobilização social, tão importantes no estudo e compreensão do fenômeno político.

O mesmo ocorre com a questão da Democracia, categoria que se transforma num dos mais importantes lugares-comuns do discurso político contemporâneo, prenhe de sentidos e significações, conforme se recua ou avança no tempo. Desse modo, ela serve tão-somente para reforçar o valor meramente argumentativo dos discursos políticos dos grupos e classes dominantes, tornando visível o empenho com que procuram sustentar a legitimidade de seus respectivos regimes.

O pensamento clássico grego e a Idade Moderna, como ponto de partida de reflexão que se apresenta, são escolhidos em razão das possibilidades de ruptura que oportunizam frente aos modelos até então vigentes de poder político e econômico. A partir deles, pode-se presenciar a eclosão de novos agentes sociais e institucionais, num desenrolar da história que ainda não terminou.

A memória sobre os fatos passados é de curial importância em qualquer avaliação de conjuntura, principalmente quando se trata de fenômenos da natureza humana, assegurando o acesso aos padrões multifacetados dos sistemas de interação social.

Esta memória evidencia, durante toda a pesquisa, que tanto o Estado, como a Democracia, receberam, nos últimos quatro séculos, tratamento diversificado e por vezes paradoxal dos agentes políticos, o que revela a existência de sérias discrepâncias no que diz respeito aos interesses que ensejaram tais problemáticas.

Quando se chega ao debate atual sobre aqueles temas, percebe-se que, na medida em que as sociedades crescem em tamanho e complexidade, os conceitos de Estado e Democracia começam a sofrer uma transformação radical. A partir do momento em que as ações e os relacionamentos assumem, cada vez mais, caráter mais coletivo que individual, as sociedades modernas deixam para trás a visão individualista de direitos, explicitada nas declarações de direitos dos séculos XVIII e XIX. Tal movimento se dá no sentido de reconhecer os direitos e deveres sociais dos governos, comunidades, associações e indivíduos[327].

É em tal contexto que os direitos individuais e coletivos tomam amplitudes significativas, principalmente no âmbito formal/constitucional, alcançando toda a espécie de vida no globo terrestre. Entre tais direitos garantidos nas modernas constituições, estão os direitos ao trabalho, à saúde, à segurança, ao meio ambiente sadio, à soberania dos povos, à educação, etc. De outro lado, percebe-se que a atuação do Estado é imprescindível para assegurar o gozo de todos esses direitos sociais básicos.

---

[327] Neste sentido, a obra de Rubem Cesar Fernandes, *Privado porém público*. Rio de Janeiro, Dumará, 1994.

Demonstra-se no texto que as expressões *Estado* e *Democracia* são permanentemente redefinidas e ampliadas, porém envolvem algumas questões comuns a todas as épocas e povos, isto é, tudo aquilo que tem a ver com a possibilidade de viver em sociedade desde que as forças organizadoras dessa não possam dispor sobre os indivíduos de um poder de vida e morte, o que significa dizer que a garantia e a preservação de determinados direitos democráticos têm relação direta com determinados deveres do Estado e do poder econômico. Quando se fala desses deveres, está-se diante de questões políticas que envolvem o que se chama hoje de cidadania.

O Estado brasileiro, erigido a partir de práticas políticas conservadoras e privativistas, nunca soube ouvir e atender as demandas sociais latentes e expressas na realidade cotidiana de seu povo. Assim, desde a década de 70, fechados ainda mais os canais de comunicação com o Estado, enfraqueceram-se os mecanismos de integração social vertical, tais como os partidos, as lideranças populistas e as grandes estruturas sindicais, enquanto segmentos tecnocrático-militares e empresariais conseguiram privatizar lucros e socializar prejuízos às custas de contribuintes, produzindo significativas transformações nas estruturas jurídicas do país, esvaziando as liberdades públicas e garantias individuais. Em contraponto, ações locais dispersaram-se por um sem-número de circunstâncias, surgindo com expressiva intensidade os chamados movimentos sociais, atestando fundamentalmente a ilegitimidade do poder político instituído.

Tais movimentos caracterizam-se, ainda hoje, por possuírem uma natureza instável e mutante, distinta da obtida em estruturas que se organizam para longa duração, bem como se distanciam dos aparelhos de Estado. Tendo o horizonte de suas ações focalizado no que é efetivamente possível dizer e obter da sociedade ao redor, para atender situações absolutamente localizadas, começam a denunciar a fragilidade e ineficácia dos poderes instituídos.

Entre os autoroes contemporâneos, Claude Lefort[328] sinaliza o caminho para se pensar uma possível democracia, criando espaços de debate e enfrentamento dos interesses públicos e privados. A partir dessa idéia, demonstra-se que o Estado Democrático excede os limites tradicionalmente postos ao Estado de Direito, experimentando direitos que ainda não lhe estão incorporados, não se conformando à conservação de um pacto tacitamente estabelecido, mas se formando a partir de lugares que o poder instituído não pode dominar inteiramente.

É a figura do Estado Democrático como aquele que assegura a oportunidade de criação e autocriação incessante de novos direitos na sociedade, e a transgressão de um futuro já conhecido e determinado por instâncias oficiais do poder político. Esse Estado tem como pressuposto de democracia o acontecer político em busca de sua própria definição.

Os conflitos sociais e a crise de identidade e legitimidade do Estado de Direito em geral e em especial do Estado brasileiro, enquanto evidenciam a existência de opiniões, comportamentos, desejos e crenças múltiplas e contraditórias, convivendo no mesmo tecido social e revelando uma profunda marginalização humana, denunciam o profundo questionamento do Poder e da ordem estabelecida. Tal questionamento pode ser encontrado em determinados movimentos sociais ou populares que, à revelia da ordem estatal estabelecida, inauguram práticas de resolução dos seus conflitos e problemas a partir de uma normatividade própria e informal - quando não ilegal[329]. A forma pela qual esta

---

[328] *L'Invention Démocratique- Les limites de la domination totalitaire.* Gallimard:Paris, 1993.

[329] Pode-se dar o exemplo aqui das invasões de terras pelos pequenos agricultores, invasões de condomínios não habitados por pessoas sem moradia; etc.

ordem estatal é desconsiderada, no decorrer de determinadas manifestações de massa, acusa a contestação da legitimidade formal estabelecida, fazendo visível a presença de um contrapoder e de uma contra-ordem. Num país onde a maior parte da cidadania está alijada do processo de desenvolvimento, e onde lhe é negado o exercício dos direitos mais fundamentais, deve-se registrar como avanço político a declaração pela Constituição de 1988 de alguns destes direitos, pois assim eles se objetivam na forma da Lei, oportunizando, intra-sistematicamente, também uma luta institucional à sua proteção.

No caso brasileiro, tanto o Estado, como a política e a democracia, não podem ter funções, sentidos unívocos ou intrínsecos, porque encontram seu sentido na própria dinâmica conflitiva de seu espaço público. Assim, eles devem ser concebidos como um lugar de enfrentamento, que serve para mostrar o caráter absolutamente político do Direito e do Estado, e a necessidade de problematizá-los através de práticas que politizem o jurídico.

Pode-se ainda afirmar que o debate sobre a legitimidade ou ilegitimidade dos valores, práticas e reconhecimento do governo constituem-se partes integrantes da idéia ampliada de Estado Democrático. Em outras palavras, não se pode pensar a democracia sem a noção de legitimidade do poder político, pois isso é indispensável à criação e ampliação do espaço público, à formação e reconhecimento dos sujeitos sociais e ao surgimento de pólos de poder social autônomo sobre formas variadas de ação e representação.

O trabalho também demonstra que, a despeito de alguns direitos fundamentais terem sido reinteradamente recepcionados pela regra jurídica constitucional no Ocidente, isto não foi suficiente para que os respeitassem, mas, ao contrário, a história registra que foram os mais violados, principalmente pelos órgãos oficiais do Estado, pois, "uma coisa é o direito nos textos, sob a forma de sistemas coerentes e completos, concebidos como se a sociedade brasileira fosse igualitária e participativa; outra, são as práticas decisórias no interior de um Estado cuja unidade interna ainda hoje continua fragmentada por vigentes anéis burocráticos, isto é, por círculos de informação e negociação entre segmentos tecnocráticos e frações das classes dominantes, reproduzindo as estruturas sociais altamente estratificadas e discriminatórias."[330]

Conclui-se, paradoxalmente, que os direitos muitas vezes reinvidicados pelas lutas sociais são pervertidos no exato momento em que se tornam objeto de tratamento jurídico, pois, concebidos historicamente como um mecanismo de proteção dos cidadãos livres contra o arbítrio dos governantes absolutistas e contra os abusos do Estado, sob a forma de censura e tortura, eles são esvaziados na medida em que é o próprio Estado que os regulamenta. Vê-se que a regra clássica dos freios e contrapesos de Montesquieu não é uma forma eficiente de fazer com que as garantias asseguradas a esses direitos sejam eficazes na sua totalidade.

Encontra-se aqui um dos grandes dilemas do Estado e da Sociedade Democrática em sociedades altamente diferenciadas e com um tecido social desintegrado, como é o caso do Brasil, fazendo com que se questione de que maneira é possível deixar o campo do formalismo político e jurídico, cuja vagueza e ambigüidade desempenham o papel pragmático de viabilizar a comunicação entre indivíduos, grupos e classes antagônicas, e passar para uma ação efetiva, em que as instituições representativas, ao mesmo tempo em que reconheçam as prerrogativas civis e políticas individuais, também atendam as demandas de massas marginalizadas, aplacando

---

[330] *Mitos e Delitos: os direitos humanos no Brasil*, op. cit., p. 25.

injustiças e oportunizando a construção de um espaço de reforma das estruturas socioeconômicas vigentes.

A Constituição brasileira atual assegura aos cidadãos, entre outras coisas, a inviolabilidade dos direitos concernentes à vida, à liberdade, à segurança e à propriedade; ela também consagra a liberdade de iniciativa, a valorização do trabalho como condição de dignidade humana, a função social da propriedade, a repressão ao abuso do poder econômico e a expansão das oportunidades de emprego, impondo, por fim, como direitos sociais dos trabalhadores, um salário mínimo capaz de atender suas necessidades vitais básicas e as de sua família, no âmbito de moradia, alimentação, educação, saúde, lazer, vestuário, higiene, transporte e previdência social, além da integração na vida e no desenvolvimento da empresa.

Grande parte dos direitos proclamados pela Carta Política, entretanto, é estabelecida a partir de pressupostos ideológicos explícitos, dentre os quais a ratificação do modelo de individualismo que valoriza o esforço, o trabalho, a disciplina e o processo de acumulação do burguês bem-succdido.

Vê-se, a partir desta realidade, que o plexo de direitos individuais constitucionalmente garantidos revela uma concepção de contrato social pactuado por indivíduos livres e situados num mesmo estágio econômico, motivo pelo qual a legislação infraconstitucional, ao regular os princípios políticos inscritos na Carta Magna, e os operadores jurídicos, ao interpretarem e aplicarem este ordenamento, tendem a pervertê-los, favorecendo a estrutura social e de poder instituídas, pois o pressuposto formalístico que anima o pensamento jurídico e estatal é absolutamente falso, porque inexiste materialmente a igualdade prefalada.

Enquanto a tônica dos Estados Modernos é o desenvolvimento auto-sustentado e a preservação dos direitos fundamentais, os jornais brasileiros têm divulgado diariamente que os índices de violência no país crescem assustadoramente; desde os arrastões nas praias brasileiras e as chacinas de menores até os episódios de violência no campo, retratando o modelo hobbesiano da guerra de todos contra todos; mesmo assim, insiste-se na assertiva de que o país se constitui na 10ª economia mundial, o que não escamoteia estar a renda nacional absolutamente concentrada e voltada para os mercados alienígenas.

De outro lado, o mercado interno é

"diminuto, porque a massa salarial é também pequena, comprovando uma das faces mais claras da perversidade, marcada pela mais-valia absoluta. Nosso salário mínimo está entre os menores do mundo. A presença da riqueza não basta para caracterizar a situação de bem-estar, porque o desafio propriamente dito é sua redistribuição."[331]

Entre os anos 60 a 80, os 20% mais pobres tiveram sua participação na renda reduzida de 3,9% para 2,8%, enquanto os 10% mais ricos passaram de uma participação de 39,6% para 50,9%, tendo-se acentuado tal concentração nos anos posteriores. Mais de 60% das famílias brasileiras possuem rendimentos mensais de até três salários mínimos, enquanto mais de 40% ficam na faixa de meio salário-mínimo. Acrescente-se a isso a existência de mais de 30 milhões de analfabetos, 10 milhões de crianças fora da escola, de 55 milhões de pessoas sem água encanada e 40 milhões sem luz elétrica; há 70 milhões de pessoas atingidas pela verminose e mais de 5 milhões sofrendo de mal de chagas; o país possui uma mortalidade infantil de menores de 5 anos com proporção de 65 para cada mil crianças, igual à do Peru[332].

---

[331] *Cidadania Tutelada e Cidadania Assistida.* Pedro Demo. São Paulo, Autores Associados, 1995. p. 71.

[332] Informações colhidas nos textos de Pedro Demo, *Cidadania Menor,* ed. Vozes, Rio de Janeiro, 1992, e com José Eduardo Faria, *Mitos e Delitos: os direitos humanos no Brasil.* op. cit.

Enquanto aproximadamente 20 proprietários monopolizam mais de 20 milhões de hectares, mais de 10 milhões de famílias de pequenos agricultores não têm onde plantar.

Diante de tal quadro, o Estado, detentor do poder de exercer legitimamente o uso da força, encontra-se falido e incapaz de administrar o cotidiano da sociedade civil, enquanto o corpo político institucional sucumbe diante da corrupção[333]. Os mecanismos tradicionais de representação política e de controle social não mais funcionam, pois sequer acompanham as bruscas mudanças que irrompem dos movimentos sociais e populares, faltando-lhes inclusive instrumentos eficazes para compreender o significado cada vez mais coletivo dos impasses e demandas.

Esta problemática não é acidental, mas faz parte de um conjunto de relações econômicas e políticas, as quais constituem no Brasil - e em toda a América Latina - um sistema social erigido para funcionar apenas a uma parcela minoritária da população.

Historicamente, o Estado brasileiro tem atravancado o processo de formação da cidadania ativa, principalmente em razão das políticas sociais desmobilizadoras e controladoras, fomentadas por uma concepção ultrapassada de tutela necessária do desenvolvimento político, ou seja, a comunidade tomada como objeto da prestação de serviços estatais, através de políticas distributivas, que transformam a população numa massa de pedintes, não de cidadãos combativos e mobilizados, que protestam por seus direitos, não por favores e migalhas.

---

[333] Sobre este tema, Newton Bignotto, no texto *As fronteiras da Ética: Maquiavel*. In *Ética*. São Paulo, Companhia das Letras, 1982, lembra que Maquiavel já advertira sobre o fato de um corpo político corrompido não se poder esperar mais nada, pois suas leis são incapazes de tolher a violência privada, o Estado deixa de representar os interesses públicos, os cidadãos visam apenas ao próprio bem, sem se preocupar com os destinos da cidade.

TEORIA DO ESTADO
Cidadania e poder político na modernidade

Como adverte Demo[334], o papel da comunidade não é substituir o Estado, liberando-o das atribuições constitucionais, mas de organizar-se de maneira eficaz, para fazê-lo funcionar. Nessa oportunidade, a cidadania se faz necessária, pois vai determinar o tipo e qualidade de Estado que se terá. Sem ela, tem-se um Estado que, em vez de redistribuir renda e poder nas políticas sociais, os concentra; em vez de equalizar oportunidades, consagra a reserva das melhores para os ricos; em vez de instrumentar a emancipação popular, cultiva a dependência das migalhas e obscurece os direitos sociais, vistos como favores e concessões.

A luta pela efetivação, proteção e ampliação da democracia, em todos os níveis e significados, traduz a busca de um novo modelo de sociedade, no aspecto político, social, econômico, cultural e internacional, outorgando à cidadania organizada o *status* de sujeito coletivo de transformação social, inaugurando e conquistando instrumentos de exercício do governo que lhe permita organizar e controlar as ações do Estado para o atendimento de demandas efetivamente públicas.

Um desses instrumentos está na própria Constituição de 1988, em seu complexo principiológico que estabelece os objetivos a serem alcançados no país. Porém, de nada adianta existirem mecanismos formais de tutela de prerrogativas individuais e coletivas, se inexiste um compromisso efetivo com suas realizações. Em outras palavras, a garantia dos direitos fundamentais e da própria democracia, sob a ótica jurídica, não está na lei, mas no modo como se aplica a lei, pois é de relevância política e prática não apenas saber o que está escrito, mas principalmente como vêm sendo tomadas as decisões a respeito da matéria.

Se os poderes instituídos não providenciam de ofício o cumprimento de seus misteres, os seus repre-

---

[334] *Cidadania Menor.* op. cit., p. 22.

sentados tratam, de um lado, de exigir a observância da lei que já existe, obrigando os tribunais e as autoridades a dizerem continuamente "não" ou "isto não é possível"; tal fato faz com que as pessoas envolvidas ultrapassem a compreensão isolada de seu problema individual, para uma visão estrutural das questões em debate. De outro, a cidadania marginalizada, cética quanto aos órgãos oficiais do Estado, também se mobiliza para veicular manifestações de protesto e descontentamento com o atual sistema e estrutura social, indo até as raias de comportamentos tipificados como desobediência civil.

Não há como frear este movimento de luta por uma sociedade mais igualitária e um Estado comprometido com isso, pois tais questões estão ligadas diretamente à política cotidiana chamada por Lefort de invenção democrática, ou seja, o processo contínuo de refazimento da democracia, tanto no sentido de consolidar a defesa dos direitos adquiridos, como implementar a conquista de novos direitos, lembrando sempre que a sociedade democrática é aquela que não apenas garante os direitos individuais e coletivos historicamente conquistados, mas também e precipuamente os promove.

É necessário, portanto, instituir e reconhecer, na consciência e prática dos poderes oficiais e informais da sociedade, a luta jurídico-política pela defesa da cidadania brasileira, utilizando como ferramenta de defesa e ataque os valores e princípios universais inscritos nos direitos fundamentais consagrados no Ocidente e objetivados nos princípios políticos insertos na Carta constitucional de 1988, se é que se quer e busca a instituição de um efetivo e popular Estado Democrático de Direito.

Bibliografia

ABENDROTH, Wolfgang. (org.) *El Estado Social*. Madrid: Centro de Estudios Constitucionales, 1980.

ANDRADE, Vera Regina Pereira de. *A reconstrução do conceito liberal de cidadania: da cidadania moldada pela democracia à cidadania moldando a democracia*. In: O poder das metáforas. Porto Alegre: Livraria do Advogado, 1998.

ARBLASTER, Anthony. *Democracia*. Madrid: Alianza Editorial, 1987.

ARENDT, Hannah. *Da Revolução*. Rio de Janeiro: Ática, 1990.

———. *Lições sobre a filosofia política de Kant*. Rio de Janeiro: Relume Dumará, 1993.

ARISTÓTELES. *A Política*. São Paulo: Martins Fontes, 1993.

———. *Ética a Nicômacos*. Brasília: Edunb, 1992.

AYALA, Francisco. *La Teoria del poder constituyente*. Buenos Aires: La Ley, 1986.

BARACHO, José Alfredo de Oliveira. *Processo Constitucional*. Rio de Janeiro: Forense, 1984.

———. Direitos e Garantias Fundamentais, *in Revista da Faculdade de Direito*. Belo Horizonte: Universidade Federal de Minas Gerais, vol. 33, nº 33, 1991.

BARKER, Ernest. *Teoria Política Grega*. Brasília: UNB, 1978.

BARRUFINI, José Carlos Toseti. *Revolução e Poder Constituinte*. São Paulo: Revista dos Tribunais, 1976.

BATAGLIA, Sergio. *O pensamento grego na modernidade*. São Paulo: Brasiliense, 1990.

BAUDRILLARD, Jean. *A L'Ombre des Majorités Silenceuses ou La Fin du Social*. Paris: Denöel/Gonthier, 1992.

BERGUER, H. & LUCKMANN, T. *La construcción social de la realidad*. Buenos Aires: Amorrortu, 1984.

BIDART CAMPOS, German José. *Filosofía del derecho constitucional.* Buenos Aires: Ediar, 1969.

BIELSA, Rafael. *Derecho Constitucional.* Buenos Aires: Depalma, 1984.

BIGNOTTO, Newton. As fronteiras da Ética: Maquiavel. *In Ética.* São Paulo: Companhia das Letras, 1982.

BOBBIO, Norberto. *O Futuro da Democracia: uma defesa das regras do jogo.* São Paulo: Paz e Terra, 1987.

——. *Democrazia, maggioranza e minoranza,* Org. Norberto Bobbio. Bologna: Il Mulino, 1981.

——. *O marxismo e o estado.* Rio de Janeiro: Graal, 1979.

——. *El Problema del Positivismo Jurídico.* México: Distribuciones Fontamara, S.A., DF, 1994.

——. *Igualdad y Libertad.* Barcelona: Paidós Ibérica, 1993.

——. *Origen y Fundamentos del Poder Político.* México: Grijalbo, 1993.

——. *Sociedade e Estado na Filosofia Política Moderna.* São Paulo: Brasiliense, 1986.

——. *Stato, governo, società.* Turin: Giulio Einaudi.

——. *Liberalismo e Democracia.* São Paulo: Brasiliense, 1988.

——. *A Teoria das Formas de Governo.* Brasília: Universidade de Brasília, 1988.

——. *Thomas Hobbes.* Rio de Janeiro: Campus, 1991.

——. *Direito e Estado no Pensamento de Emanuel Kant.* Brasília: Universidade de Brasília, 1984.

——. *Dicionário de Política.* Brasília: Universidade de Brasília, 1993.

——. *O Positivismo Jurídico.* Sao Paulo: Ícone, 1995.

BODENHEIMER, Edgar. *Teoria del Derecho.* México: Fondo de Cultura Económica, 1996.

BONAVIDES, Paulo. *Teoria do Estado.* Rio de Janeiro: Forense, 1980.

——. *Política e Constituição - os caminhos da democracia.* Rio de Janeiro: Forense, 1985.

——. A Despolitização da Legitimidade, *in Revista Trimestral de Direito Público.* São Paulo: Malheiros, 1993.

——. *Do Estado Liberal ao Estado Social.* Rio de Janeiro: Forense, 1980.

BORJA Y BARJA, Ramiro. *Teoría general del derecho y del estado.* Buenos Aires: Depalma, 1977.

BURDEAU, Georges. *Droit constitutionnel et institutions politiques.* Paris: Librairie Génerale de Droit et Jurisprudence-LGDJ, 1972.

——. *A Democracia.* Lisboa: Mira-Sintra, 1986.

CALDERÓN, Fernando. *Lo político y lo social: bifurcación o síntesis de una crisis*. In Socialismo, Autoritarismo y Democracia. Lima: Instituto de Estudios Peruanos - CLACSO, 1989.

CAMPILONGO, Celso Fernandes. *Representação Política*. São Paulo: Ática, 1988.

CAMPOS, German J. Bidart. *Constitución y Derechos Humanos*. Buenos Aires: Ediar, 1991.

CANOTILHO, José Joaquim Gomes. *Direito Constitucional*. Coimbra: Almedina, 1991.

——; MOREIRA, Vital. *Fundamentos da Constituição*. Coimbra: Coimbra, 1991.

CAPPELLETTI, Mauro. Formazioni sociali e interessi di gruppo davanti alla giustizia civile. *in Revista di Diritto Processuale*, nº 30. Milano, 1975.

CÁRCOVA, Carlos M. El discreto Encanto de la Democracia, *in Revista Crítica Jurídica*, nº 13. México: Universidad Nacional Autónoma de México, 1993.

CARNOY, Martin. *Estado e Teoria Política*. São Paulo: Papirus, 1988.

CASSIN, Barbara. *Ensaios Sofísticos*. São Paulo: Siciliano, 1990.

CASTORIADIS, Cornelius. *Os Destinos do Totalitarismo*. São Paulo: Brasiliense, 1989.

CERRONI, Umberto. *Reglas y valores en la democracia*. México: Alianza Editorial, Distrito Federal, 1991.

CHARVET, Dominique. Crise de la Justice. *in La Crise de l'Etat*. Paris: Presses Universitaires de France, 1978.

CHAUÍ, Marilena. *Cultura e Democracia*. São Paulo: Cortez, 1989.

CHEVALIER, Jean-Jacques. *As Grandes Obras Políticas de Maquiavel a Nossos Dias*. Rio de Janeiro: Agir, 1982.

——. *História do Pensamento Político*. Rio de Janeiro: Guanabara, 1982.

____ *L'Etat de Droit*. Paris: Montchrestien, 1996.

CLÈVE, Clèmerson Merlin. *O Direito e os Direitos*. São Paulo: Acadêmica, 1988.

——. *Temas de Direito Constitucional*. São Paulo: Acadêmica, 1993.

COELHO, Luiz Fernando. *Teoría Crítica do Direito*. Porto Alegre: Fabris, 1991.

COMPARATO, Fábio Konder. *Para Viver a Democracia*. São Paulo: Brasiliense, 1989.

COUTINHO, Carlos Nelson. *A democracia como valor universal*. Rio de Janeiro: Salamandra, 1984.

COVRE, Maria L. M. *O que é cidadania*. São Paulo: Brasiliense, 1993.

CUNHA, Fernando Whitaker da. *Democracia e cultura: a teoria do estado e os pressupostos da ação política*. Rio de Janeiro: Forense, 1973.

DANTAS, Ivo. *Poder constituinte e revolução: breve introdução à teoria sociológica do direito constitucional*. São Paulo: Javoli, 1985.

DEMO, Pedro. *Cidadania Tutelada e Cidadania Assistida*. São Paulo: Autores Associados, 1995.

——. *Cidadania Menor*. Rio de Janeiro: Vozes, 1992.

D'ENTRÈVES, Alessandro Passerin. *La Dottrina dello Stato*. Torino: Giappichelli editore, 1967.

DIAZ, Elias. *De la maldad Estatal y la Soberania Popular*. Madrid: Editorial Debate, 1984.

——. *Estado de Derecho y Sociedad Democrática*. Madrid: Edranza, 1979.

DICEY, Carl. *Introduction to the study of the law the constitution*. London: MacMillan, 1981.

DUVERGER, Maurice. *Instituciones políticas y derecho constitucional*. Barcelona: Ariel, 1962.

ENGELS, Friedrich. *A origem da família, da propriedade privada e do Estado*. São Paulo: Alfa Ômega, 1984.

ENZENSBERGER, Hans Magnus. *Velhas Dívidas, Novas Massas. artigo do livro Guerra Civil*. São Paulo: Companhia das Letras, 1995.

FALK, Richar. *The Making of Global Citizenship*. In The Condition of Citizenschip. Berkley: Bart van Steenbergen, 1999.

FAORO, Raymundo. *Os Donos do Poder*. 2 vols. Porto Alegre: Globo, 1979.

——. *Assembléia Constituinte - A legitimidade recuperada*. São Paulo: Brasiliense, 1981.

——. *Existe um pensamento político brasileiro?* São Paulo: Ática, 1994.

FARIA, José Eduardo. *O Direito e a Justiça*. Rio de Janeiro: Graal, 1989.

——. *Retórica, Política e Ideologia Democrática*. Rio de Janeiro: Graal, 1984.

FARIA, Maria do Carmo Bittencourt de. *Aristóteles: a plenitude como horizonte do ser*. São Paulo: Moderna. 1994.

FARIAS, José Fernando de Castro. *Crítica à noção tradicional de Poder Constituinte*. São Paulo: Lumen Juris, 1988.

FERNANDES, Rubem Cesar. *Privado porém Público*. Rio de Janeiro: Dumará, 1994.

FERRAJOLI, Luigi. *O Direito como sistema de garantias*. In O Novo em Direito e Política. Porto Alegre: Livraria do Advogado, 1997.

FERRAZ JR., Tércio Sampaio. *Constituinte: assembléia, processo e poder*. São Paulo: Atlas, 1985.

——. *Constituição de 1988: legitimidade, vigência e eficácia*. São Paulo: Atlals, 1989.

FINLEY, Moses. I. *Economia e Sociedade na Grécia Antiga*. São Paulo: Martins Fontes, 1989.

——. *Os Gregos Antigos*. São Paulo: Martins Fontes, 1991.

——. *La Democrazia degli antichi e dei moderni*. Roma: Laterza, 1993.

FLORA, Philiph. *The Wwlfare State in historical perspective*. London: Mommsen, 1994.

GENRO, Tarso. Utopia Possível. Porto Alegre: Artes e Ofícios, 1995.

——. Participação Popular na Administração Pública, publicado na *Revista da Procuradoria-Geral do Município de Porto Alegre*, v.7, nº8, março de 1995. Porto Alegre, 1995.

——. *Nova crise do Direito e do Estado*. Artigo publicado na Folha de São Paulo, Caderno Mais, 13 de agosto de 1997, p. 5.

——. *O novo espaço público*. Artigo publicado na Folha de São Paulo, Caderno Mais, 09 de junho de 1996, p. 3.

GIERKE, Otto. *Political theories of the middle age*. Boston: Beacon, 1978.

GÓMEZ, Enrique Serrano. *Legitimación y Racionalidad*. Barcelona: Anthropos/Promat, 1994.

GOMEZ, José Maria. Surpresas de uma Crítica: a propósito de juristas repensando as relações entre o Direito e o Estado, *in Crítica do Direito e do Estado*. Rio de Janeiro: Graal, 1984.

GRAMSCI, Antonio. *Maquiavel, a Política e o Estado Moderno*. Rio de Janeiro: Civilização Brasileira, 1984.

——. *Passato e Presente*. Milano: Daltronni, 1990.

GUIDENS, Anthony. *Two Theories of Democratization*. In Beyond Left and Right: the future of radical politics. London: Verso, 1994.

GURR, Thomas R. *Peoples against States: ethnopolitical conflict and the changing world*. New York: Spillmann, 1998.

HÄBERLE, Peter. *Hermenêutica Constitucional*. Porto Alegre: Fabris, 1997.

——. *Teoría de la Constitución como ciencia de la cultura.* Madrid: Tecnos, 2000.

HABERMAS, Jürgen. *La soberanía popular como procedimento: un concepto normativo de lo público.* In HERRERA, María. *Jürgen Habermas: moralidad ética y política.* México: Alianza Editorial, 1994.

——. *Mudança Estrutural na Esfera Pública: investigações quanto a uma categoria da sociedade burguesa.* Rio de Janeiro: Tempo Brasileiro, 1984.

HAURION, Maurice. *Derecho público y constitucional.* Madrid: Reus, 1970.

——. *Principios de derecho público y constitucional.* trad. de Carlos Ruiz del Castillo. Madrid: Reus, 1984.

HAURIOU, Andre. *Derecho Constitucional e Instituciones Políticas.* Barcelona: Ariel, 1971.

HEBECHE. Luiz A. *A Guerra de Maquiavel.* Ijuí: UNIJUÍ. 1988.

HEGEL, Georg Wilhelm Friedrich. *Principes de la Philosophie du Droit.* Paris: Gallimard, 1990.

HELLER, Hermann. *Teoría del Estado.* trad. de Gerhart Niemeyer. Buenos Aires: Fondo de Cultura Económica, 1984.

HESSE, Konrad. *A força normativa da constituição.* Porto Alegre: Fabris, 1991.

HOBBES, Thomas. *O Leviathã.* São Paulo: Abril Cultural, 1988.

——. *De Cive.* Rio de Janeiro: Vozes, 1993.

HÖFFE Otfried. *Justiça Política.* Rio de Janeiro: Vozes, 1991.

——. *Derecho Intercultural.* Madrid: Gedisa, 2000.

HORWITZ, Morton. *The constitution of change: legal fundamentality without fundamentalism.* In Harvard Law Review, vol.107, 1993.

HURTADO, Juan Guillermo Ruiz. *El Estado, El Derecho y el Estado de Derecho.* Colombia: Facultad de Ciencias Jurídicas y Socio-Económicas, Pontificia Universidad Javeriana, 1986.

JAEGER, Werner. *Paideia.* México: Fondo de Cultura Económica, 1992.

KANT, Emanuel. *Fondements de la Métaphysique des Moeur.* Paris: Librairie Philosophique J. Vrin, trad.de Victor Delbos, 1992.

——. *Da paz perpétua.* São Paulo: Cultrix, 1992.

KELSEN, Hans. *Teoría comunista del derecho y del estado.* Buenos Aires: Emecê, 1957.

——. *Teoria Pura do Direito.* Coimbra: Armenio Amado, 1984.

KRADER, Lawrence. *A Formação do Estado*. Rio de Janeiro: Zahar, 1970.

LACERDA, Paulo. *Princíios de Direito Constitucional Brasileiro*. Vol. 2. Rio de Janeiro: Livraria Azevedo, 1912.

LASSALLE, Ferdinand. *A Essência da Constituição*. Rio de Janeiro: Liber Juris, 1988.

LAUNAY, Michel. *Jean-Jacques Rousseau: écrivain politique*. Grenoble: ACER, 1981.

LEAL, Rogério Gesta. *A função social da cidade e da propriedade no Brasil*. Porto Alegre: Livraria do Advogado, 1997.

———. *Perspectivas Hermenêuticas dos Direito Humanos e Fundamentais no Brasil*. Porto Alegre: Livraria do Advogado, 2000.

LEFORT, Claude. *Essais sur le politique - XIX-XX siècles*. Paris: Éditions du Seuil, 1986.

———. *Pensando o Político*. São Paulo: Paz e Terra, 1991.

———. *L'Invention Démocratique- Les limites de la domination totalitaire*. Paris: Librairie Arthème Fayard, 1981.

LOEWENSTEIN, Karl. *Teoría de la constitución*. Barcelona: Ariel, 1970.

LOCKE, John. *Segundo Tratado sobre el Gobierno Civil*. Buenos Aires: Alianza Editorial, 1990.

LOUREIRO, Luiz Gustavo Kaercher. Descrição do Direito. *In Logos, Revista de Direito da Universidade Luterana do Brasil*, vol. 1. Canoas, 1994.

LUHMANN, Niklas. *Legitimação pelo procedimento*. Brasília: Universidade de Brasília, 1980.

———. *Poder*. Brasília: Universidade de Brasília, 1985.

MACHIAVELLI, Niccòlo. *Il Princepe e Discorsi*. Milano: Universale Economica Feltrinelli, 1981.

———. *Escritos Políticos*. São Paulo: Abril Cultural, 1983.

MACPHERSON, C.B. *La Democracia Liberal y su época*. Madrid: Alianza Editorial, 1977.

———. *Ascensão e queda da justiça econômica*. São Paulo: Paz e Terra, 1991.

———. *A Teoria Política do Individualismo Possessivo*. Rio de Janeiro: Paz e Terra, 1979.

MARSCHALL, Thomas. *Cidadania, Classe Social e Status*. Rio de Janeiro: Zahar, 1988.

MARK, Karl. *Crítica ao programa de Gotha.* São Paulo: Alfa-Ômega, 1985.

MAXIMILIANO, Carlos. *Hermenêutica e Aplicação do Direito.* Rio de Janeiro: Forense, 1998.

MEEHAN, Elizabeth. *Igualdade, Diferença e Democracia.* In Reinventando a Esquerda. São Paulo: UNESP, 1997.

MELLO, Celso Antônio Bandeira de. *Elementos de Direito Administrativo.* São Paulo: Revista dos Tribunais, 1990.

MONTESQUIEU. *L'Esprit de lois.* Paris: Gallimard, 1982.

MORAIS, Denis de. *As linhas do imaginário.* São Paulo: Nova Fronteira, 1995.

MOURA, Carlos Alberto de. Hobbes, Locke e a medida do Direito. *in Filosofia Política* nº 6. Porto Alegre: L&PM, 1991.

NAVARRO, Zander. *Uma análise do orçamento participativo: a experiência de Porto Alegre.* In Porto da cidadania. Porto Alegre: Artes e Ofícios, 1997.

NEGRI, Antonio. *El Poder Constituyente. Ensayo sobre las alternativas de la modernidad.* Madrid: Libertarias/Prodhufi, 1994.

NETO, Pedro Vidal. *Estado de Direito.* São Paulo: LTr, 1979.

NINO, Carlos Santiago. *Ética y Derechos Humanos.* Buenos Aires: Astrea, 1989.

——. *Algunos Modelos Metodológicos de Ciencia Jurídica.* México: Distribuciones Fontamara, 1993.

OFFE, Claus. *Estado e Capitalismo.* Rio de Janeiro: Tempo Brasileiro, 1980.

——. *Contradicciones en el Estado del Bienestar.* México: Alianza Editorial, 1992.

PAUPÉRIO, Arthur Machado. *Teoria Democrática do poder.* Rio de Janeiro: Pallas, 1976.

——. *O direito político de resistência.* Rio de Janeiro: Forense, 1978.

PEREIRA, Joacil de Brito. *Idealismo e Realismo na Obra de Maquiavel.*Brasília: Horizonte, 1981.

PIDART, Henry. *Le noveau contract social.* Paris: Puf, 1997.

PINTO, Luzia Marques da Silva. *Os limites do Poder Constituinte e a Legitimidade Material da Constituição.* Coimbra: Coimbra, 1997.

PLANT, Raymond. *Cidadania e Mudança Política.* In Reinventando a Esquerda. São Paulo: UNESP, 1997.

PLATÃO. *As Leis.* Paraná: Universidade Federal do Paraná, 1975.

——. *A República*. Paraná: Universidade Federal do Paraná, 1984.

——. *Protagorás*. Paraná: Universidade Federal do Paraná, 1984.

POGGI, Gianfranco. *A Evolução do Estado Moderno*. Rio de Janeiro: Zahar, 1981.

PORTANTIERO, Juan Carlos. A Democratização do Estado. *in Filosofia Política* nº 4, Porto Alegre: Universidade Federal do Rio Grande do Sul- UFRGS, 1987.

POULANTZAS, Nicos. *As Classes Sociais no Capitalismo de Hoje*. Rio de Janeiro: Zahar Editores, 1987.

——. *L'ètat, le pouvoir, le socialisme*. Paris: Gallimard, 1978.

——. *La Crise de l'Etat*. Paris: Presses Universitaires de France, 1978.

QUIRINO, Célia G. & MONTES, Maria de Lourdes. *Constituições*. São Paulo: Ática, 1996.

ROMMEN, Julen. *Introdução histórica ao direito*. Lisboa: Fundação Calouste, 1989.

ROSENFIELD, Denis. *Filosofia Política e Natureza Humana*. Porto Alegre: L&PM, 1991.

ROUSSEAU, Claude. *Le Prince- Analyse Critique*. Paris: Haitier, 1983.

ROUSSEAU, Jean Jacques. *Du Contract Social*. Paris: Gallimard, 1979.

——. *Discurso sobre la economía política*. Madrid: Tecnos, 1985.

——. *Discurso sobre a origem e os fundamentos da desigualdade entre os homens*. Brasília: Universidade Nacional de Brasília, 1989.

——. *O Contrato Social*. São Paulo: Abril Cultural, 1988.

RÚA, Julio Cueto. *El poder constituyente*. Buenos Aires: La Ley, 1986.

RUFFIA, Paolo Biscaretti di. *Derecho constitucional*. Madrid: Technos, 1983.

RUSSO, Eduardo Ángel. *Derechos Humanos y Garantías*. Buenos Aires: Editorial Plus Ultra, 1992.

——. *Interpretación de la Ley*. Buenos Aires: Abeledo-Perrot, 1987.

——. *Teoría General del Derecho*. Buenos Aires: Abeledo-Perrot, 1996.

SABINE, George. *Historia de la Teoría Política*. México: Fondo de Cultura Económica, 1992.

SALDANHA, Nelson. *O Poder Constituinte*. São Paulo: Revista dos Tribunais, 1986.

——. *Formação da Teoria Constitucional*. Rio de Janeiro: Forense, 1983.

SANTOS, Boaventura Souza. Estado e o direito na transição pós-moderna para um novo senso comum. *in Revista Humanidades*. Brasília: Universidade Nacional de Brasília, 1991.

TEORIA DO ESTADO
Cidadania e poder político na modernidade

——. *Pela Mão de Alice - O social e o político na pós-modernidade*. São Paulo: Cortez, 1995.

SARTORI, Giovani. *Teoría de la Democracía*. Madrid: Alianza Editorial, 1987.

——. *Elementi di teoria politica*. Milano: Tassino, 1998.

SCHIMITT, Carl. *Teoria de la constitución*. Madrid: Alianza, 1982.

——. *La Defensa de la Constitución*. Barcelona: Labor, 1931.

SKINNER, Quentin. *As Fundações do Pensamento Político Moderno*. São Paulo: Companhia das Letras, 1996.

SILVA, José Afonso da. *Curso de Direito Constitucional Positivo*. São Paulo: Malheiros, 1992.

SPINOZA, Baruch. *Tratado Político*. São Paulo: Abril Cultural, 1973.

STRASSER, Carlos. *El orden político y la democracia*. Buenos Aires: Abeledo-Perrot, 1986.

TELLES, Vera. *Sociedade Civil e a construção de espaços públicos*. in Anos 90 - Sociedade e Política no Brasil. São Paulo: Brasiliense, 1994.

TEMER, Michel. *Elementos de direito constitucional*. São Paulo: Malheiros, 1993.

TERRÉ, Françoise. *La crise de la loi*. Paris: Archives de Philosophie du Droit, Tomo 25, 1980.

VANOSSI, Jorge Reinaldo. *Teoría constitucional*. Buenos Aires: Depalma, 1975.

——. *El Estado de Derecho en el Constitucionalismo Social*. Buenos Aires: Eudeba, 1982.

VAYNE, Paul. *Acreditavam os Gregos em seus mitos?* São Paulo: Brasiliense, 1990.

VERDÚ, Pablo Lucas. *Curso de derecho político*. Madrid: Tecnos, 1972.

——. *La lucha por el Estado de Derecho*. Bologna: Publicaciones del Real Colegio de España, 1975.

VIAMONTE, Carlos Sánches. *El poder constituyente*. Buenos Aires: Bibliográfica Argentina, 1957.

VIEHWEG, Theodor. *Tópica y Jurisprudencia*. Madrid: Taurus, 1984.

WALZER, Michael. *Las esferas de la justicia*. México: Fondo de Cultura Económica, 1993.

WARAT, Luis Alberto. *A Pureza do Poder*. Florianópolis: Universidade Federal de Santa Catarina, 1983.

———. Fobia al Estado de Derecho, Luis Alberto Warat. *in Anais do Curso de Pós-Graduação em Direito*. Santo Ângelo: Universidade Integrada do Alto Uruguai e Missões - URI, 1994.

WEBER, Max. *Economía y Sociedad*. México: Fondo de Cultura Económica, 1983.

———. *Ética protestante e o espírito do capitalismo*. Rio de Janeiro: Zahar Editores, 1988.

WOLKMER, Antônio Carlos. *Ideologia, Estado e Direito*. São Paulo: Revista dos Tribunais, 1989.

———. *Constitucionalismo e Direitos Sociais no Brasil*. São Paulo: Acadêmica, 1989.

———. *Elementos para uma Crítica do Estado*. Porto Alegre: Fabris, 1990.

———. Uma nova conceituação de legitimidade. *in Cadernos de Ciência Política e Direito Constitucional* nº5. São Paulo: Revista dos Tribunais, 1993.

XENOFANTES. *Memorabilia IV*. in *Diálogos Gregos*. Paraná: Universidade Federal do Paraná,1978.

Fone/Fax: (51) 3318-6355
e-mail: mig@mig.com.br
www.mig.com.br